미생물 실험실이 수상해!

고고 지식 박물관 28

미생물 실험실이 수상해!

글 정미금 | 그림 김슬기

초판 1쇄 펴낸날 2008년 2월 10일 | **초판 10쇄 펴낸날** 2020년 3월 30일
펴낸이 조은희 | **편집장** 한해숙 | **기획** 우리누리 | **디자인** 최성수, 이이환
마케팅 박영준 | **온라인 마케팅** 정보영 | **경영지원** 김효순 | **제작** 정영조, 강명주
펴낸곳 (주)한솔수북 | **출판 등록** 제2013-000276호 | **주소** 03996 서울시 마포구 월드컵로 96 영훈빌딩 5층
전화 02-2001-5822(편집), 02-2001-5828(영업) | **전송** 02-2060-0108
전자우편 isoobook@eduhansol.co.kr | **인스타그램** soobook2 | **페이스북** soobook2
ISBN 978-89-535-4788-9 74030 **ISBN** 978-89-535-3408-7(세트)

어린이제품안전특별법에 의한 제품 표시
품명 아동 도서 | **사용연령** 만 8세 이상 어린이 제품 | **제조국** 대한민국 | **제조자명** ㈜한솔수북 | **제조년월** 2020년 3월

GoGo 지식 박물관

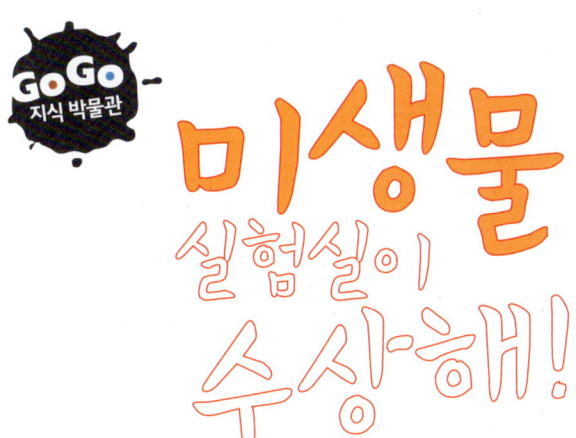

미생물 실험실이 수상해!

한솔수북

꼬물꼬물

신비한 미생물 세계

‘미생물’ 이라는 말은 어쩐지 딱딱하고, 어렵고, 낯설게 느껴져요. 하지만 우리한테 초능력이 생겨서 아주 작은 미생물을 볼 수 있는 힘이 생긴다면 그 생각은 ‘확’ 달라질 거예요. 따지고 보면 우리는 미생물 속에서 살아가고 있거든요. 공기가 우리 눈에 안 보이지만 분명히 있는 것처럼 말이에요.

거의 모든 미생물은 아주 작아서 보통의 현미경으로도 잘 안 보여요. 성능이 좋은 전자 현미경으로 봐야 꼬물꼬물 살아 있는 작은 미생물을 만날 수 있지요. 깨알만 한 코딱지 속에도, 손톱만큼의 모래 속에도, 밤하늘의 별만큼 많은 미생물이 있어요. 미생물의 종류도 엄청 많아요. 아직 우리가 알아내지 못한 미생물도 어마어마하게 많고요.

미생물은 우리 생활에 많은 영향을 끼쳐요. 무서운 질병을 퍼트려 사람들을 죽게 하기도 하고, 맛있는 음식을 만들기도 하고, 환경을 깨끗하게 하기도 하지요.

간질간질 간지러운 피부병도, 맛있는 김치, 치즈, 요구르트도, 무시무시한 조류 독감, 에이즈도 모두 미생물로 생겨난 것이지요. 사람들은 오랜 시간에 걸쳐 연구한 끝에 미생물을 활용할 다양한 방법을 알아내기도 했고, 또 질병을 일으키는 미생물들에 대처하는 방법을 찾아내기도 했어요. 그 방법이 어떤 것인지 궁금하지요? 자, 그럼 알면 알수록 신비한 미생물 세계로 함께 떠나 보아요. 호기심 많은 솔비와 귀여운 코코와 함께 말이에요.

글쓴이 정미금

미생물 보는 순서

나오는 사람들

솔비

나중에 커서 광 박사처럼 미생물 박사가 되는 것이 꿈이다. 호기심 많고 용감해 평소 수상한 광 박사의 행동을 지켜보며 비밀을 파헤친다.

코코

솔비네 집에 살고 있는 자그마한 개다. 잠을 잘 때가 많지만 광 박사네 쓰레기통에 있는 종이를 물어다 솔비한테 준다.

우람

씻는 것을 몹시 싫어해서 몸속이 미생물 천국이다. 솔비와 한동네에 살고 솔비와 단짝 친구다.

한가해

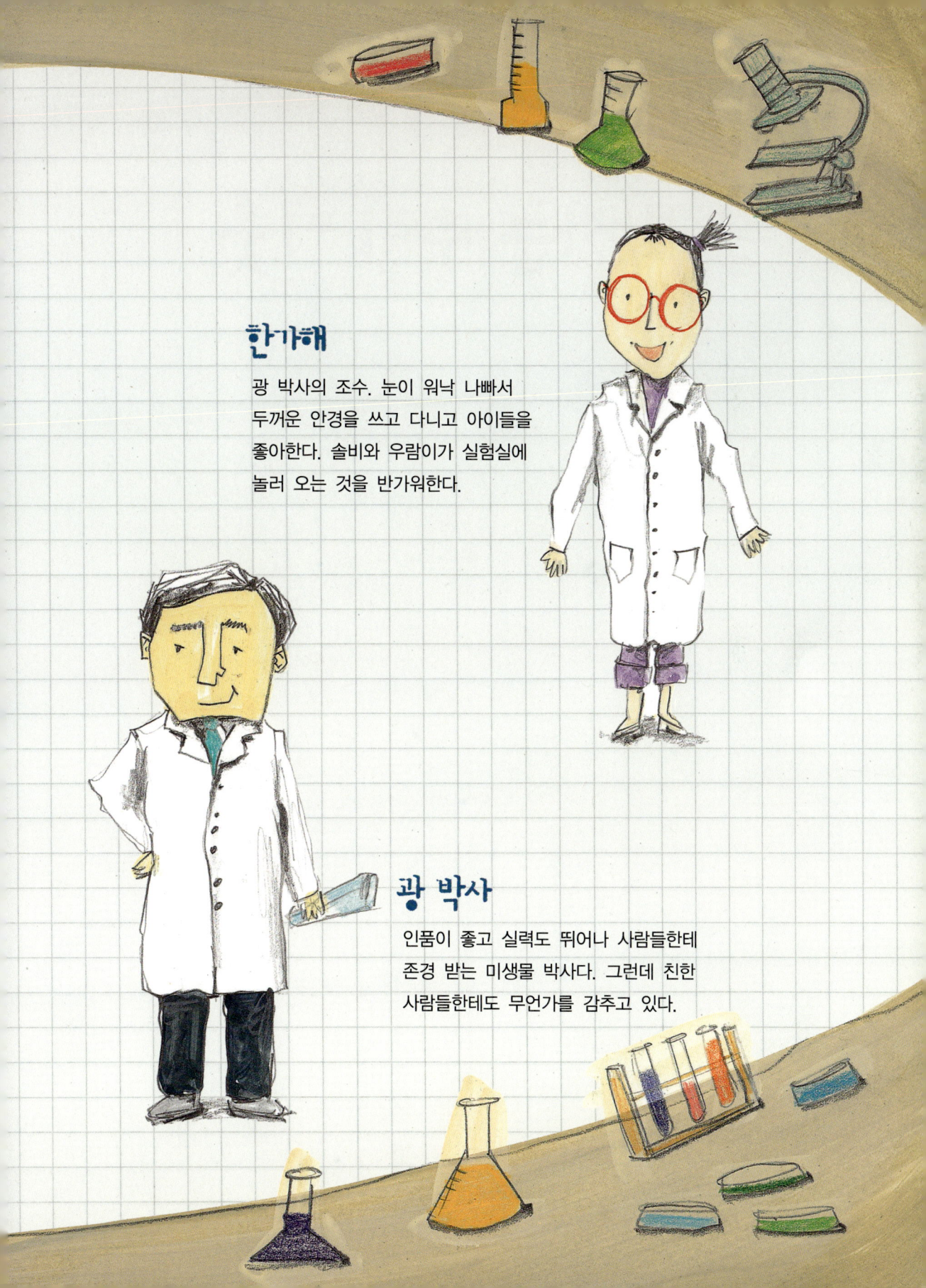

광 박사의 조수. 눈이 워낙 나빠서 두꺼운 안경을 쓰고 다니고 아이들을 좋아한다. 솔비와 우람이가 실험실에 놀러 오는 것을 반가워한다.

광 박사

인품이 좋고 실력도 뛰어나 사람들한테 존경 받는 미생물 박사다. 그런데 친한 사람들한테도 무언가를 감추고 있다.

미생물

광 박사는 우리 이웃

"와! 뉴스에 광 박사님 나오신다."

솔비는 텔레비전 앞으로 바짝 다가앉았어.

"어? 아침 드라마 할 시간이네!"

솔비 엄마는 설거지를 마치고 텔레비전 앞에 앉아 리모컨으로 채널을 돌렸어.

"엄마! 나 뉴스 보고 있단 말이야."

솔비가 투덜거렸어.

"엄마는 드라마 봐야 해. 무슨 애가 뉴스를 그렇게 좋아하냐?"

엄마는 쿠션을 베고 손에는 리모컨을 꼭 쥐고 그 자리에 누웠어.

"치! 엄마 나빠. 난 이다음에 커서 광 박사님처럼 훌륭한 미생물 박사가 될 거란 말이야."

솔비는 다리를 쭉 펴고 버둥거리며 말했어. 광 박사는 우리나라 으뜸 미생물 박사야. 질병이 생기면 그 질병을 물리칠 수 있는 백신을 척척 만들어 내지. 그럴 때면 마치 지구를 구해 낸 영웅 같았어. 솔비는 미생물이 뭔지는 모르지만 광 박사가 참 멋져 보였어.

"솔비야, 빨리 학교 가야지. 공부 열심히 해야 훌륭한 미생물 박사가 되지. 솔비 덕에 박사 딸 두게 생겼네!"

엄마가 솔비 엉덩이를 토닥이며 말했어.

"아휴!"

솔비는 한숨을 푹 쉬더니 가방을 챙겼어.

"학교 끝나고 딴 데 가지 말고 곧장 집으로 와."

엄마는 아침부터 잔소리를 퍼부어 댔어.

"싫어! 밤 늦게 올 거야."

솔비는 이렇게 말하고는 쿵쿵쿵 달려 나갔어. 엄마가 솔비의 뒤통수에 대고 뭐라고 잔소리를 하는 것 같았어.

"집에 일찍 오면 청소해라, 심부름해라 하면서 이것저것 부려 먹을 거면서……."

솔비는 대문을 닫고 나왔어. 그런데 좀전에 텔레비전에서 봤던 광 박사가 눈앞에서 지나가고 있지 뭐야. 정말 꿈만 같았어.

"그건 깨지는 거니까 조심해 주세요!"

광 박사는 이삿짐센터 직원한테 소리쳤어.

"와! 광 박사님이다."

솔비네 옆집에는 이삿짐 차가 세워져 있었고, 아저씨들이 이삿짐 차에서 짐을 내려서 나르고 있었어. 그 유명한 광 박사가 솔비네 옆집으로 이사를 온 모양이야.

“내가 꿈을 꾸고 있는 건가? 아니면 텔레비전 속으로 들어간 걸까?”

솔비는 광 박사를 보자 입이 떡 벌어져서 턱이 빠질 뻔했어. 솔비는 열려 있는 대문 너머로 광 박사네 집을 들여다봤어.

이 집은 전에 중학교 선생님 부부가 살았어. 그때까지만 해도 솔비네처럼 오래된 낡은 집이었지. 그런데 어느새 새로 지었는지 반짝반짝 빛나는 멋진 집이 떡하니 세워져 있지 뭐야. 마치 미래의 집 같았어. 넓은 잔디밭에 피라미드처럼 우뚝 솟아 있는 건물 곳곳에 커다란 창문과 우아한 베란다가 있었어.

“와! 언제 새로 지었지?”

솔비는 감탄했어.

"꼬마야, 좀 비켜 줄래?"

솔비가 앞을 가로막고 있으니까 광 박사가 짐을 나르며 말했어.

"안녕하세요? 옆집에 사는 솔비예요. 헤헤!"

솔비가 인사했어.

"그래, 반갑구나!"

광 박사는 신기한 실험 도구들을 옮기며 대답했어.

"와! 실험 도구가 많네요? 집에서도 실험을 하시나 봐요?"

"이 층은 집으로 쓰고, 일 층은 실험실로 쓸 생각이란다."

"제가 도와 드릴까요? 저도 크면 박사님 같은 위대한 미생물 과학자가 될 거예요. 그러니까 미리미리 이런 실험 도구들과 친해져야 하거든요."

솔비가 졸졸 쫓아가며 말했어.

"괜찮아! 일할 사람들이 많거든. 짐 정리를 다 하면 언제 한번 초대하마."

광 박사는 텔레비전에 함께 출연한 아이들한테 하던 것처럼 자상하게 말했어.

"꼬맹이가 제법인데? 넌 왜 미생물을 좋아해?"

광 박사 뒤를 쫓아온 한가해 조수가 물었어. 한가해 조수는 머리를 하나로 질끈 묶고 두꺼운 안경을 쓰고 있었지. 보조개가 쏙 들어가는 게 어른답지 않게 장난꾸러기처럼 보였어. 솔비는 미생물에 대해 아는 게 없어서 뭐라 대답해야 할지 몰랐어. '박사님이 멋져 보이니까요.' 하고 말할 수는 없는 노릇이잖아.

'생물' 이 뭔지는 학교 선생님한테 들어서 알고 있었어. '생물' 은 자신과 비슷한 유전자를 닮은 자식을 만들 수 있고, 외부에서 에너지를 얻어서 살아가지. 음식을 먹고 자식을 낳아 기르는 사람도, 햇빛과 물로 자라서 씨앗으로 번식하는 식물들도 모두 생물이지.

'미생물은 아름다운 생물을 뜻하는 게 아닐까?'

솔비는 속으로 생각했어. '미생물'의 '미'자가 한자로 '아름다울 미(美)' 라고 생각한 거야.

"음…… 그러니까, 미생물은 아름다워서요."

솔비의 대답에 한가해 조수는 깔깔깔 웃었어.

"왜 웃는 거예요?"

솔비는 얼굴이 빨개져서 퉁명스럽게 물었어.

"꼬맹아! 미생물이 왜 아름답다고 생각하는데?"

한가해 조수는 윗몸을 굽혀서 솔비와 눈높이를 맞추고 물었어.

"그게 그러니까, 미생물의 '미'자가 아름답다는 뜻인 것 같아서요."

솔비는 점점 기어 들어가는 소리로 말했어.

"거 봐! 꼬맹아, 네가 그렇게 생각하고 말한 것 같아서 웃은 거야."

"자꾸 꼬맹이, 꼬맹이 하지 말아요. 그러는 언니는 맹꽁이같이 생겼으면서!"

"어떻게 알았냐? 내 별명이 맹꽁이인데. 호호호!"

한가해 조수는 화난 솔비가 참 귀여웠어. 솔비가 입을 쭉 내밀자

한가해 조수는 친절하게 설명했어.

"미생물의 '미' 자는 아름다울 미가 아니라 작을 미(微)야. 거의 모든 미생물은 아주 작아서 전자 현미경으로 봐야 볼 수 있고 몸속에 있는 세포도 겨우 하나뿐이지."

솔비는 미생물이 뭔지 알 것 같기도 하고, 모를 것 같기도 해서 고개를 갸웃했어.

"아주 작은 생물? 그럼 개미 같은 걸 말하는 거예요?"

"아니, 미생물은 개미보다 훨씬 작아. 우리 눈에는 안 보일 만큼 작지. 하지만 작다고 다 미생물은 아니야. 간단히 말하면 식물하고 동물을 뺀 나머지 생물을 미생물이라고 생각하면 돼. 곰팡이, 바이러스, 박테리아 같은 것들이 미생물이야. 우리 눈에는 안 보이지만 우리가 들이마시는 공기 가운데에도 엄청나게 많은 미생물이 들어 있어. 작은 숟가락 하나만큼의 흙 속에도 미생물들이 수십억 마리쯤 살고 있을걸."

"와! 수십억 마리라고요?"

솔비는 입을 딱 벌렸어.

"그러면, 지구에는 사람보다도 미생물이 훨씬 많이 살고 있다는 얘기네요?"

"그래. 그러니까 우리는 미생물 속에서 살아가는 셈이지. 게다가 미생물은 어디든 살고 있어. 땅속 깊은 곳, 꽁꽁 얼어 있는 극지방,

심지어 우주에서도 미생물은 바글거리고 있어. 물론 눈에는 안 보이지만 말이야. 공기가 우리 눈에 안 보이는 것처럼 미생물도 전자현미경으로 봐야 겨우 보일 만큼 작지만 우리한테 큰 영향을 끼치고 있어."

"미생물은 우리 눈에는 안 보이지만 우리는 수많은 미생물 속에서 살아가는 거라고요? 마치 마법을 부려 안 보이는 요정들 속에서 살아가고 있는 것 같아요."

솔비는 자기 손을 살펴보며 말했어.

"어쭈! 요 꼬맹이 상상력이 넘치는데?"

한가해 조수가 솔비를 바라보며 말했어.

"어휴! 난 꼬맹이란 말 진짜 싫어한단 말이에요. 내 이름은 솔비예요. 솔비!"

솔비가 볼을 부풀리며 말했어.

"알았어, 미안! 이제 꼬맹이라고 안 부를게. 내 이름은 한가해야. 광 박사님의 실험을 돕고 있지. 나도 광 박사님처럼 훌륭한 미생물학자가 되는 게 꿈이야. 나랑 꿈이 같은 솔비를 만나서 정말 반가워."

한가해 조수는 솔비한테 손을 내밀었어. 솔비는 한가해 조수랑 악수를 하고 나니까 어른 대접을 받은 것 같기도 하고, 한 조수랑 친구가 된 것 같아 기뻤어.

"실험실에 놀러 가도 되죠?"

솔비가 물었어.

"그럼, 언제든지!"

한가해 조수는 다정하게 웃었어. 그사이 광 박사는 실험 기구를 조심조심 옮기느라 땀을 삐질삐질 흘리고 있었지.

"한가해 조수! 이상하게 내가 자네 조수가 된 기분이야."

광 박사가 소리쳤어.

"알았어요. 저도 지금 일하고 있다고요!"

한가해 조수는 두꺼운 안경을 추켜올리더니 길에 놓인 커다란 쓰레기통을 집 안으로 날랐어. 조금 뒤, 집 안에서 광 박사의 목소리가 들려왔어.

"한가해 조수! 길에 있는 쓰레기통을 들고 오면 어떡해?"

"어머! 이걸 누가 들고 왔데요?"

"으이구!"

광 박사가 쓰레기통을 들고 밖으로 나왔어. 솔비는 광 박사가 쓰레기통을 제자리에 놓는 것을 도와주고 손목시계를 봤어.

"이런! 지각이다."

솔비는 발바닥에 불이 나도록 뛰었어. 선생님한테 혼날 것이 걱정되기는 해도 마음 한구석은 든든했어. 꿈에 그리던 광 박사와 이웃사촌도 되고, 다정한 한가해 언니도 알게 됐으니까.

바이러스

코코가 물고 온 비밀 문서

"코코야, 우리 산책하자!"

솔비가 코코를 불렀어. 코코는 솔비가 키우는 개야. 잠꾸러기 코코는 산책하는 것을 무척 좋아하지. '산책' 이라는 말만 들어도 자다가 벌떡 일어나서 폴짝폴짝 뛰었지. 그런데 오늘은 웬일인지 조용했어.

"어, 어디 갔지?"

솔비는 코코가 안 보이자 마당으로 나가 봤어.

"코코야, 코코야!"

"멍멍."

언제 밖으로 나갔는지 멀리서 코코가 달려왔어.

"너 없어진 줄 알고 걱정했잖아!"

코코는 솔비 앞에서 꼬리를 살랑살랑 흔들더니 다시 어디론가 달려갔어. 조금 뒤 동그랗게 뭉쳐진 종이를 물고 와서 솔비 앞에 내려놓았어. 코코는 그 종이가 공인 줄 알았나 봐.

"멍!"

코코는 종이를 빨리 던지라는 듯이 꼬리를 살랑살랑 흔들며 솔비를 올려다봤어.

"에이! 더럽게 다른 사람이 버린 종이를 물고 오냐? 그런데 무슨 종이지?"

솔비는 갑자기 무슨 종이인지 호기심이 생겨서 꼬깃꼬깃한 종이를 펼쳐 보았어.

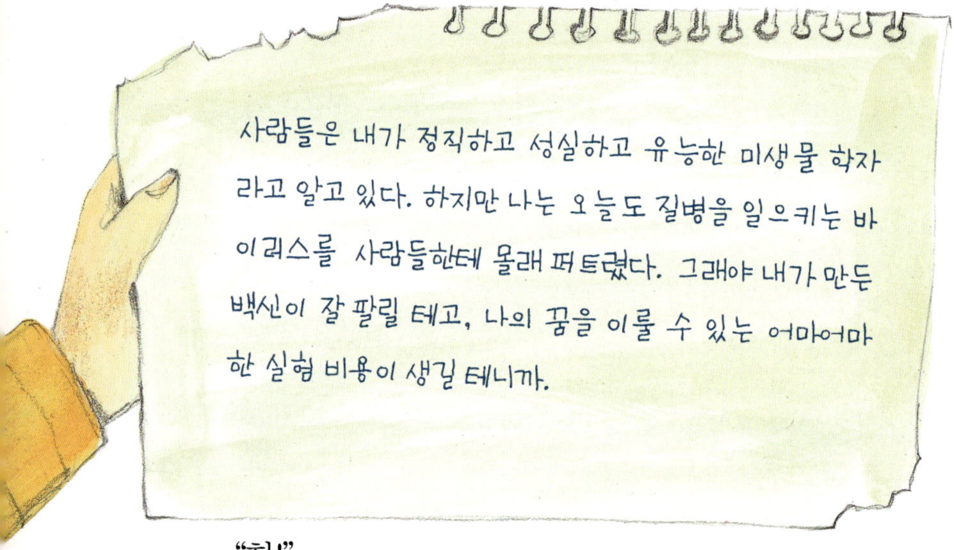

"헉!"

솔비는 종이에 적힌 내용을 보고는 땅에 털썩 주저앉았어. 그러고는 고개를 돌려 광 박사 집을 보았지.

"혹시, 광 박사님이? 설마, 아닐 거야."

솔비는 고개를 흔들었어.

"솔비야, 뭐 해?"

우람이가 핫도그를 먹으며 솔비한테 다가왔어. 우람이는 솔비네 집 맞은편에 살아. 우람이는 늘 솔비의 집을 기웃거리다가, 솔비가 재미난 놀이를 하고 있으면 어김없이 찾아와서 같이 하자고 하지. 우람이는 눈을 반짝이며 솔비의 대답을 기다렸어. 코코는 우람이의 핫도그를 보고는 신이 나서 꼬리를 살랑살랑 흔들었어.

"너, 나랑 같이 이 비밀 문서의 주인이 누군지 찾아볼래?"

솔비가 구깃구깃한 종이를 흔들며 말했어. 우람이는 솔비 손에 들려 있던 종이를 받아 들고서 거기에 적힌 내용을 읽어 봤어.

"근데, 바이러스가 뭐야?"

"나도 잘 몰라! 하지만 아주 잘 알고 있는 사람이 있어. 가자, 내가 그 사람을 소개해 줄게."

솔비는 우람이와 코코를 데리고 광 박사의 실험실로 가서 초인종을 눌렀어. 한가해 조수가 문을 열어 줬어.

"어서들 와! 그런데 웬일이야?"

"언니! 이 비밀 문서를 주웠는데요, 여기 바이러스란 말이 쓰여 있어서요. 언니는 바이러스가 뭔지 알죠? 전에 바이러스, 박테리아, 곰팡이는 미생물에 속한다고 했잖아요."

솔비가 또박또박 말했어.

"역시, 솔비는 똑똑하구나. 어렸을 때의 내 모습을 보는 것 같아. 호호호!"

한가해 조수는 두꺼운 안경을 추켜올리며 말했어.

"바이러스는 전자 현미경으로 보아야 보일 만큼 아주 작아. 바이러스는 크기가 20나노미터에서 200나노미터에 불과해. '나노미터

(nm)' 는 백만 분의 1밀리미터야. 정말 작지?"

"1센티미터를 열 개로 나눈 것들 가운데 하나가 1밀리미터인데, 그걸 또 백만 개로 나눈 거네요?"

솔비는 머릿속으로 그 크기를 가늠하며 말했어.

"와! 정말 작다."

우람이가 거들었어.

"그렇지. 그렇게 작은 바이러스는 종류와 모양도 다양해. 거의 다 동그랗지만 막대기처럼 길쭉한 것, 네모난 것, 세모난 것 들과 같은 모양도 있어. 하지만 바이러스의 속은 간단한 편이야. 디엔에이(DNA)나 알엔에이(RNA) 같은 자신의 유전 정보를 담고 있는 핵산, 핵산을 싸고 있는 단백질 껍질로 되어 있어."

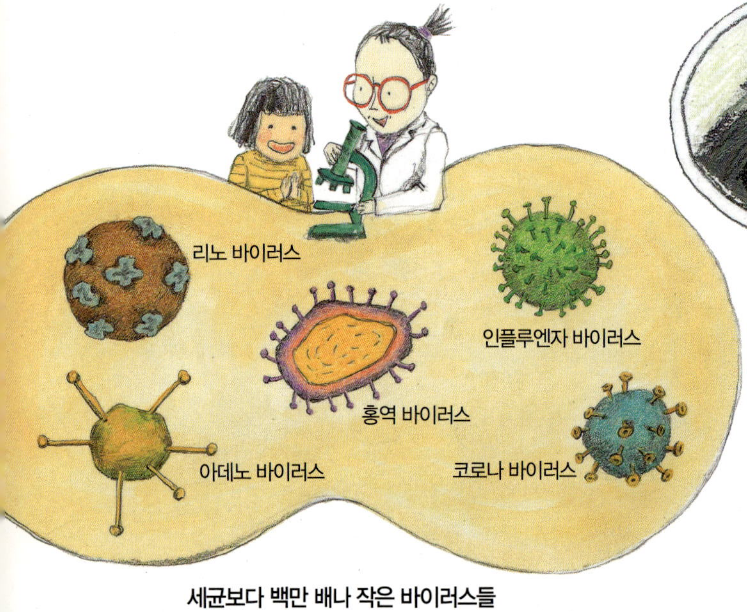

세균보다 백만 배나 작은 바이러스들

바이러스와 머리카락의 크기

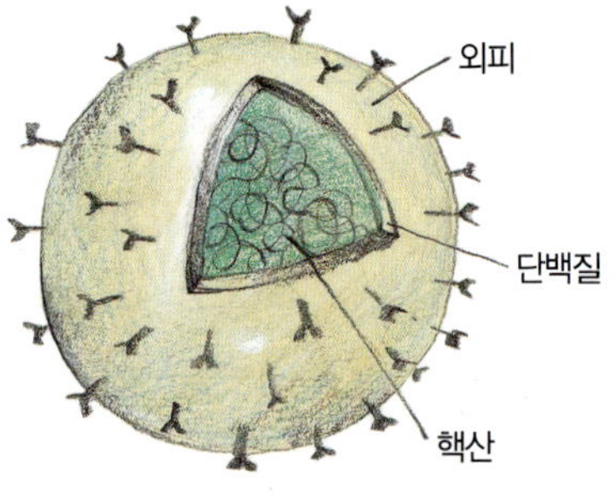

바이러스는 자신의 유전 정보를 담고 있는 핵산, 핵산을 싸고 있는 단백질 껍질로 되어 있어.

"바이러스는 어디에서 살아요?"

솔비가 물었어.

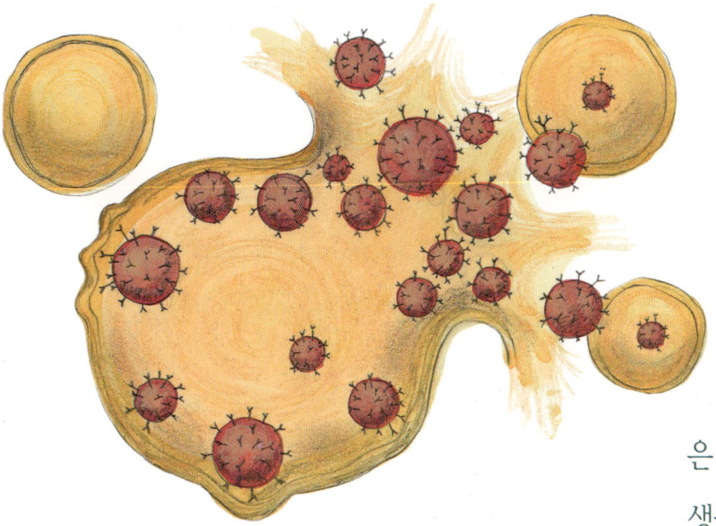

세포 속에 침입한 바이러스가 자기 복제를 해서 많은 바이러스를 만들어 내. 그러면 바이러스로 가득 찬 세포는 터지고 세포 밖으로 나온 수많은 바이러스들은 다시 다른 세포로 침투하는 거야. 엄청난 속도로 생물의 몸속에서 퍼져 가는 거지.

"세포 속에서 살지. 바이러스는 혼자 있을 때는 번식할 수 없어. 세포 속으로 침입했을 때야 비로소 번식을 할 수 있어. 세포는 동물이나 식물 같은 생물을 이루는 아주 작은 알갱이야. 바이러스는 다른 미생물처럼 세포로 되어 있지 않아. 대신 다른 생명체의 세포를 자기 집처럼 쓰지."

"윽! 눈에는 안 보이지만 바이러스는 제 몸의 세포 속에서 살고 있는 거네요?"

우람이가 머리를 긁적거리며 말했어. 생각만 해도 왠지 몸이 가려운 것 같았어.

"물론이지! 세상에는 수많은 바이러스가 있으니까. 동물이나 식물한테 무서운 질병을 일으키는 바이러스도 있고, 그다지 큰 영향을 못 미치는 바이러스들도 있어."

"그럼, 누군가 사람들한테 해로운 바이러스를 일부러 퍼트린다면 큰일이겠네요?"

솔비는 걱정이 됐어.

"그렇지. 질병을 일으키는 바이러스들은 그 종류만 해도 어마어마하고, 어떤 바이러스는 사람들의 목숨을 빼앗아 가기도 하니까. 바이러스는 스스로 못 움직여. 몸과 몸이 서로 닿을 때 옮기도 하고, 다른 동물들이 옮기기도 하고, 공기 속에 있던 바이러스가 몸속으로 들어가기도 하지. 그런데 누가 일부러 바이러스를 사람들한테 퍼트린다면 정말 엄청나게 빨리 퍼져 나갈 거야. 그건 정말 큰일이지. 그런데 그런 나쁜 짓을 누가 하겠어?"

한가해 조수는 솔비와 우람이한테 주려고 코코아를 타며 말했어.

"광 박사님은 좋은 분이시죠? 광 박사님은 그런 나쁜 일을 하실 분이 아니죠?"

솔비가 조심스럽게 물었어.

"광 박사님이 왜 그런 끔찍한 일을 하시겠어? 쓸데없는 소리 말고 코코아나 마셔."

한가해 조수는 따뜻한 코코아 잔을 솔비와 우람이한테 건넸어. 솔비와 우람이는 서로 마주보며 좋아했지.

"고맙습니다!"

솔비와 우람이는 코코아를 호호 불며 맛있게 마셨어.

"으악!"

코코가 자기도 마시겠다고 달려드는 바람에 솔비의 코코아가 쏟아졌어. 하필이면 솔비가 옆에 두었던 비밀 문서로 쏟아져서 문서가 다 젖어 버렸어. 솔비는 젖은 문서를 털었어. 그때 뒤에서 누군가 문서를 낚아챘어.

"이건 내가 버린 건데, 왜 네가 갖고 있지?"

광 박사였어.

"저, 그게, 그러니까, 우리 코코가 물어 와서요."

솔비는 당황해서 말을 더듬었어. 광 박사는 뭔가 중요한 것을 들킨 사람 같았어.

"그게 뭐예요?"

한가해 조수가 물었어.

"아무것도 아니야! 자네는 얼른 가서 곰팡이균 배양이 잘 되고 있는지 확인이나 해 봐."

광 박사는 괜히 한가해 조수한테 짜증스럽게 말했어. 그러고는 종이를 들고 이 층으로 올라갔어.

'그럼, 정말 광 박사님이 나쁜 사람이었던 거야? 도대체 어떤 바이러스를 퍼트리려는 거지?'

솔비는 갑자기 너무 혼란스러웠어. 자기가 존경하는 사람이 그런 나쁜 일을 꾸미고 있다니 말이야.

"비밀 문서의 주인이 광 박사님이었던 거야?"

우람이가 솔비를 쿡쿡 찌르며 말했어.

"쉿! 아직 아무한테도 말하지 마. 잘못하면 우리가 위험해질지도 몰라!"

솔비는 우람이 귀에 대고 속삭였어.

"참! 바이러스가 어떤 말에서 나왔는지 알아?"

한가해 조수가 멀리서 현미경을 들여다보며 물었어.

"아니요!"

솔비와 우람이가 고개를 저었어.

"바이러스는 라틴어로 '독'이라는 뜻을 담고 있어. 독약처럼 사람들의 목숨을 빼앗기도 하니까."

한가해 조수는 다시 현미경을 들여다봤어. 솔비와 우람이는 갑자기 몸에 소름이 돋는 것 같았어.

곰팡이

한밤에 울려 퍼진 비명!

"으아아악!"

모두 잠든 밤이었어. 솔비는 날카로운 비명 때문에 잠에서 깨어났어.

"무슨 일이지?"

솔비는 어디서 나는 소리인지 귀를 기울였어. 하지만 소리는 더 이상 안 났어. 솔비는 무슨 일인지 알아내고 싶었지만 잠이 쏟아져서 그냥 잠들어 버렸지.

솔비는 꿈을 꿨어. 꿈속에서 광 박사가 비행기를 타고 날아가고 있었어. 광 박사는 가방에서 방독면과 독약이라고 쓰여진 병을 꺼내더니 방독면을 쓰고 독약 뚜껑을 열어 공중에서 뿌렸어. 바이러스는 마법사가 쓰는 반짝이는 가루처럼 공기로 흩어졌지. 거리를 걸어가던 사람들은 까닭도 모른 채 푹푹 쓰러졌어. 그 사람들 속에 솔비도 서 있었어.

"윽!"

솔비가 푹 쓰러졌어. 그때 귀에 낯익은 소리가 들렸어.

'딩동, 딩동, 딩동!'

솔비는 초인종 소리에 잠에서 깼어.

"솔비야! 우람이 왔다."

엄마가 하품을 하며 솔비를 불렀어. 솔비는 눈을 비비며 시계를 봤어. 이제 겨우 여섯 시가 조금 넘었어.

"이렇게 일찍 무슨 일이야? 하암!"

솔비는 입이 찢어질 듯 하품을 하며 우람이한테 말했어.

"내 몸이 이상해. 너무 괴로워!"

우람이 말에 솔비는 잠이 확 달아났어.

"그럼, 혹시 어젯밤에 들렸던 비명이, 너?"

우람이는 심각한 얼굴로 고개를 끄덕였어.

"내 발이 이상해. 어젯밤에는 모기떼가 물어 댄 것처럼 발바닥이 가려웠어. 도저히 못 참아서 비명을 질렀던 거야. 지금도 발바닥이 울긋불긋해."

우람이는 솔비의 귀에 대고 말했어.

"아무래도 광 박사가 나한테 바이러스를 퍼트린 것 같아. 어제 광 박사 집에 다녀온 뒤로 그런 것 같아."

솔비는 비명이 터져 나오는 자기 입을 두 손으로 막았어. 광 박사가 생각보다 빨리 바이러스를

사람들한테 퍼뜨리는 일을 진행하고 있나 봐. 솔비는 심장이 두근거렸어. 우람이가 당했다면 다음은 솔비 차례일지도 모른다고 생각했거든. 아니, 어쩌면 솔비도 이미 바이러스에 감염되었는지 몰라.

"엄마가 학교 가기 전에 병원에 들렀다 가자고 하셨어. 솔비야 병원에 같이 가자."

우람이는 자꾸 걱정스러워하며 말했어.

솔비는 얼른 학교 갈 준비를 하고 우람이를 따라 병원으로 갔어.

"음."

할아버지 의사는 진찰을 마치고도 선뜻 말을 못했어. 솔비와 우람이는 긴장했지. 솔비는 마른 침을 꿀꺽 삼켰고, 우람이 눈에는 눈물이 가득 찼어.

"선생님 저, 죽을 병에 걸렸나요? 바이러스가 몸에 들어왔나요?"

우람이는 그만 울음을 터트렸어.

"으앙! 나 어떡해? 으아아아앙!"

"얘야! 무좀으로는 안 죽을 테니 걱정하지 마라! 무좀은 바이러스가 아니라 곰팡이 때문에 생기는 거야."

"곰팡이요?"

우람이는 울음을 멈추고 물었어.

"그래, 세상에는 피부병을 일으키는 수많은 곰팡이들이 있단다. 아주 작은 미생물들이지. 무좀도 곰팡이 가운데 하나야. 그런데 무좀은 주로 어른들한테 많이 생겨. 무좀균은 딱딱한 각질을 먹고 사는데, 아이들은 혈액 순환도 잘 되고 각질도 안 많잖아. 너처럼 어린 아이한테 무좀이 생기는 것은 무척 드문 일이지."

할아버지 의사는 진료 카드에 병명을 적었어.

"곰팡이 때문에 생긴 무좀이라고요?"

솔비는 고개를 갸웃했어.

할아버지 의사는 고개를 끄덕했지.

"곰팡이는 오래된 식빵이나 지하실 벽 같은 곳에 생기는 거 아니에요? 어떻게 사람 몸에 곰팡이가 살아요?"

솔비가 물었어.

"보통의 곰팡이는 눈에 잘 안 보여. 하지만 전자 현미경으로 확대해 보면 실처럼 가느다란 균사로 된 곰팡이를 볼 수 있어. 곰팡이는 포

자를 퍼트려서 번식을 하는데, 포자는 식물의 씨앗 같은 거란다. 곰팡이의 아주 작은 포자는 물이나 공기를 타고 멀리까지 갈 수 있지. 떠돌아다니던 포자가 음식, 동물, 식물 같은 영양분을 얻을 수 있는 물체에 붙으면 그때부터 번식을 하는 거야. 곰팡이가 영양분을 얻을 수 있는 것들은 세상에 널렸단다. 먹다 남은 음식, 동물, 또는 동물들의 시체, 배설물, 썩은 나무 등 아주 다양해. 곰팡이는 습한 벽지나 바다 깊은 곳에서조차 아주 빠르게 번식하니까."

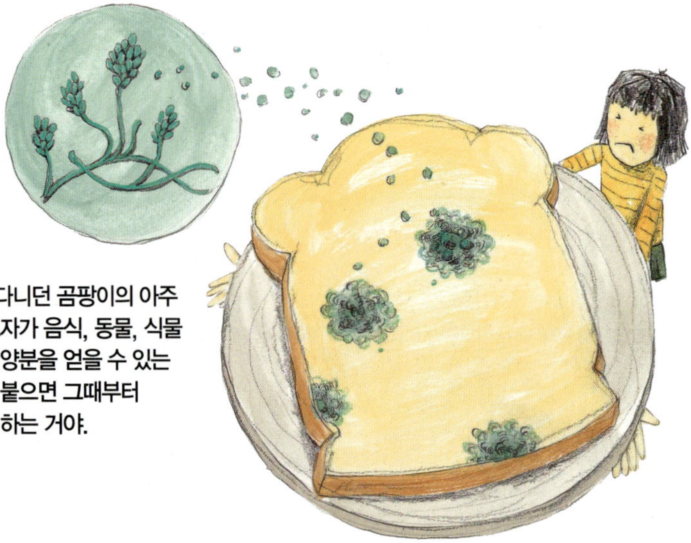

떠돌아다니던 곰팡이의 아주 작은 포자가 음식, 동물, 식물 같은 영양분을 얻을 수 있는 물체에 붙으면 그때부터 번식을 하는 거야.

할아버지 의사는 기다리는 손님이 없어서 그런지 아주 자세하게 설명해 줬어.

"버섯 알지? 버섯도 식물이 아니라 곰팡이야. 우리가 먹는 버섯은 식물로 치자면 꽃인 거지. 식물의 뿌리와 줄기에 해당하는 것이 균사야. 버섯 갓 속을 보면 주름이 있잖아? 거기에 수많은 포자들을 만들어 내서 바람에 날려 보낸단다. 버섯은 몸에도 좋고 맛도 좋은 곰팡이인 셈이야."

"우웩! 내가 그동안 곰팡이를 먹었다니!"

우람이는 토하는 시늉을 했어.

"버섯은 맛이라도 있지만 네 발에 있는 곰팡이는 어디다 쓰냐?"

솔비가 톡 쏘아 주었어.

"아휴! 왜 내 발에 나쁜 곰팡이가 생긴 거야! 버섯처럼 착한 곰팡이가 생기면 날마다 버섯을 따서 엄마한테 오백 원씩 받고 팔 수 있을 텐데……."

우람이는 말도 안 되는 소리를 늘어놓았어.

"하하하! 곰팡이들은 습하고 어두운 곳을 좋아해. 하지만 곰팡이는 영양분으로 삼는 것이 모두 달라. 버섯은 주로 짚이나 톱밥, 나뭇잎, 나무가 있는 곳에서 자라나지. 더구나 송이버섯은 살아 있는 소나무에서만 자란단다."

할아버지 의사가 말했어.

"그럼 송이버섯이 제 발에서 자랄 일은 없겠네요?"

우람이는 아쉽다는 듯 인상을 찌푸리며 말했어.

"하하하! 네 발에서 송이버섯이

자란다면 그건 기적이지."

"버섯은 몸에 좋고 맛도 좋은 곰팡이야!"

할아버지 의사가 의자에 기대며 말했어.

"세상에 버섯처럼 맛있는 곰팡이만 남고 다른 곰팡이는 싹 없어졌으면 좋겠어요. 무좀균 같은 것들 말이에요."

우람이가 발을 긁적거리며 말했어.

"곰팡이는 생태계에서 아주 중요한 구실을 하고 있어. 곰팡이는 동물의 시체나 배설물을 분해해서 식물이 영양분으로 빨아들일 수 있게 해 줘. 곰팡이 덕분에 영양분을 충분히 빨아들인 식물은 무럭

무럭 자라고, 동물은 그 식물을 먹고 살아가지. 그렇게 자라난 동식물을 우리도 먹고 사니까 곰팡이한테 고마워해야지. 질병을 일으키는 곰팡이들은 영 골치 아프긴 하지만 말이야."

"아휴, 가려워 죽겠어요!"

우람이는 다시 엄살을 부렸어.

"날마다 발을 깨끗이 씻고 잘 말린 다음 연고를 바르렴. 신발도 세 켤레 정도로 돌아가면서 신고."

"네!"

우람이는 씩씩하게 대답했어. 솔비와 우람이, 우람이 엄마는 의사 선생님께 인사를 하고 밖으로 나왔어.

'광 박사님의 비밀 문서에는 분명히 바이러스라고 적혀 있었는데, 그럼 아직 광 박사님이 우람이한테 바이러스를 퍼트린 것은 아니네. 하지만 광 박사님이 언제 우리한테 무시무시한 질병을 일으키는 바이러스를 퍼트릴지는 모르는 거야.'

솔비는 혼잣말을 중얼거렸어.

"으이구!"

우람이 엄마는 우람이 머리에 꿀밤을 쥐어박았어.

"그러게 발 좀 깨끗하게 씻으라고 했지?"

"아이참! 아빠한테 옮았나 봐. 또 엄마가 운동화 자주 안 빨아 줘서 그래."

우람이는 입을 씰룩거렸어.

"우람아! 빨리 학교에 가자. 무좀 걸린 친구 때문에 지각을 하는 건 별로 멋진 일이 아니거든!"

솔비는 터덜터덜 학교로 갔어. 우람이는 자기가 큰병에 안 걸린 것이 왠지 솔비한테 미안하게 느껴졌어. 그래서 괜히 너스레를 떨었어.

"그래도 나한테 별일이 없어서 다행이지? 내가 없으면 너 누구랑 놀래?"

"치! 나 친구 많다 뭐. 그러는 넌? 하긴, 넌 발바닥에 곰팡이 친구들이 엄청 많지? 곰팡이 친구랑 잘 놀아 봐. 히히히!"

솔비는 '메롱' 하고 혀를 쭉 내밀더니 후닥닥 학교로 달려갔어.

"뭐라고? 무좀 운동화 공격이닷!"

우람이는 운동화 한 짝을 벗어 들고 솔비를 열심히 쫓아갔어.

생물은 원핵 생물과 진핵 생물로 나눠져요!

원생 생물은 핵막이 있고 없고에 따라 원핵 생물과 진핵 생물로 나눠. 진핵 생물은 유전 정보가 담긴 핵을 핵막이 감싸고 있지만, 원핵 생물은 핵을 감싸고 있는 막이 없어. 이를 보면 진핵 생물이 원핵 생물보다 발전했다는 것을 알 수 있지.

원핵 생물은 지구 최초의 생명체야. 지구상에 있는 모든 생명체가 원핵 생물에서 나왔다고도 할 수 있지. 박테리아가 대표 원핵 생물이야. 곰팡이는 박테리아보다 발전한 진핵 생물이야. 세상에 있는 거의 모든 생물들이 진핵 생물에 속해. 사람도 마찬가지지.

생물은 원핵 생물과 진핵 생물로 나누지만 유전자와 단백질 껍질만으로 이루어진 바이러스는 원핵 생물도, 진핵 생물도 아니야.

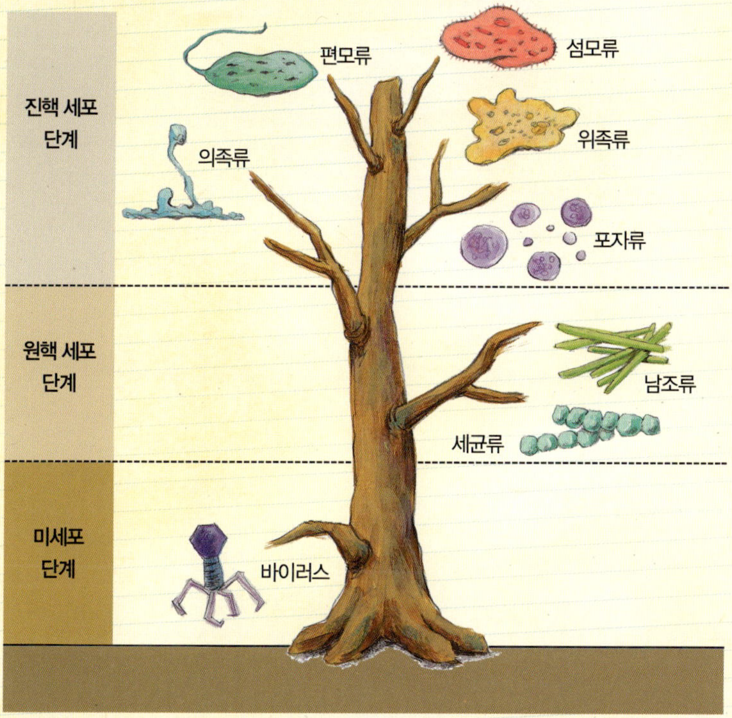

세균류나 남조류와 같이 핵막이 없어 핵과 세포질의 구분이 뚜렷하지 않은 생물을 원핵 생물이라고 해. 세균류나 남조류를 제외한 다른 원생 생물은 핵막이 있어 핵과 세포질이 뚜렷하게 구분되는데 이런 생물을 진핵 생물이라고 해.

박테리아

비밀 실험실엔 무언가가 있다!

"솔비야 솔비야, 빨리 나와 봐!"

우람이는 무슨 큰일이라도 난 것처럼 호들갑스럽게 솔비를 불렀어.

"왜? 무슨 일이야?"

솔비는 만화책을 보다가 던져두고 후다닥 뛰어나왔지.

"코코가 길에다 똥을 엄청 많이 쌌어. 우웩, 똥 냄새!"

우람이는 큰 소리로 떠들었어.

"뭐야? 코코가 똥 싼 것 때문에 그렇게 호들갑스럽게 나를 부른 거야?"

솔비는 입을 삐쭉하더니 빗자루를 들고 집 밖으로 나왔어.

"코코가 똥 쌌다고 동네방네 광고하냐? 코코가 똥 싼 게 뭐 그렇게 큰일이라고! 너는 똥 안 싸냐?"

솔비는 투덜거리며 코코가 싼 똥을 치웠어.

"난 길에는 안 눈다. 뭐!"

우람이는 좀 머쓱해졌어. 솔비가 빗자루로 코코 똥을 쓸어 내자

물컹한 똥에서 고약한 냄새가 모락모락 올라왔지.

"아휴! 냄새, 도대체 뭘 먹은 거야?"

솔비는 코를 막고 똥을 치우며 코코를 타일러야겠다고 생각했어. 솔비가 마당 한쪽에 코코의 화장실을 만들어 두었는데도, 코코는 뭔가 마음에 안 들거나 삐치면 사람들이 다니는 길목에다가 똥을 누지 뭐야.

"코코, 이리 와!"

솔비는 허리에 손을 얹고 무섭게 코코를 불렀어. 솔비가 그렇게 무섭게 부르는데 코코가 순순히 나타날 리가 없지. 코코는 슬금슬금 솔비의 눈치를 보다가 광 박사네 대문 아래에 난 틈으로 쏙 들어갔어.

"야! 거기로 들어가면 어떡해?"

솔비랑 우람이는 광 박사네 대문 앞에 섰어. 어쩔 수 없이 초인종을 눌렀지.

"누구세요?"

한가해 조수였어.

"우리 코코가 여기로 들어갔어요!"

솔비가 말하자 '띵' 하고 문이 열렸어. 솔비랑 우람이는 광 박사네 집 마당으로 들어갔지. 하지만 코코는 이미 광 박사의 실험실 안으로 들어갔는지 마당에는 없었어.

"으악!"

실험실 안에서 한가해 조수의 비명 소리가 들렸어. 솔비랑 우람이는 안으로 달려 들어갔지.

"솔비야! 빨리 코코 좀 데리고 나가. 코코가 광 박사님 비밀 실험실로 들어갔어. 광 박사님이 실험실에서 슈퍼 박테리아를 키우고 계시는데, 그걸 건드리면 큰일이야. 슈퍼 박테리아는 무척 위험한 거거든. 코코가 저장고를 건드려 슈퍼 박테리아에 감염되면 강력한 항생제로도 치료하기가 힘들단 말이야."

한가해 조수의 말에 솔비는 머릿속에 많은 생각들이 뒤섞여서 떠올랐어.

'광 박사님한테 비밀 실험실이 있었네. 슈퍼 박테리아가 그렇게 무서운 것이라면 왜 키우고 있다는 거야? 혹시 슈퍼 박테리아를 사람들한테 퍼트리려는 거야? 그렇다면 정말 큰일이잖아! 우리 코코가 슈퍼 박테리아에 감염되면 어떡해? 코코를 만진 내가, 우리 식구가 감염되면 어쩌지?'

솔비가 멍하게 서 있는 동안 광 박사가 코코를 안고 비밀 실험실 밖으로 나왔어.

"한가해 조수! 비밀 실험실 안으로 아무도 들여보내지 말라고 말했을 텐데!"

광 박사는 눈을 무섭게 치켜뜨고 말했어.

"죄송해요!"

한가해 조수는 고개를 푹 숙였어.

"박사님은 왜 슈퍼 박테리아를 만들고 계신 거죠?"

솔비는 용기를 내어 광 박사한테 물었어.

"한가해 조수! 그런 것까지 말하면 어떡해?"

광 박사는 한숨을 푹 내쉬었어.

"난 사람들한테 아주 위험한 슈퍼 박테리아를 연구하고 있단다. 슈퍼 박테리아를 막을 수 있는 항생제를 만들려고 말이야. 항생제를 만들게 되면 사람들한테 많은 도움이 될 거야."

광 박사는 뭔가를 속이려고 거짓말을 하는 사람처럼 더듬거리며 말했어. 얼굴도 빨개지는 것이 정말 수상했지. 그래서 솔비는 탐정처럼 광 박사의 속셈을 알아내고 싶었어. 아니, 인류를 지키려면 꼭 그래야 한다고 생각했지. 그러려면 먼저 박테리아가 뭔지부터 알아야 했어.

"저, 그런데 박테리아가 뭐예요?"

"성이 '박' 이고, 이름이 '테리아' 인가 봐. 히히!"

우람이는 눈치도 없이 재미없는 농담을 했어.

"박테리아는 사람 이름이 아니란다. 세균이라는 말은 많이 들어 봤지?"

"네! 밖에 나갔다 오면 엄마가 꼭 손발을 깨끗하게 씻으라고 해요. 우리 눈에는 안 보이지만 손발에 세균이 더덕더덕 붙어 있을 거라고요."

솔비가 대답했어.

"그래. 그 세균이 박테리아란다. 곰팡이는 균이라고도 하고, 박테리아는 세균이라고도 하지. 그건 박테리아가 곰팡이보다 더 작은 생물이라서 그래. '세균'의 '세'는 가늘고 작다는 뜻이 있거든.

박테리아는 세포가 하나뿐이고 유전자를 감싸는 막이 없는 원핵 생물이야. 지구에 처음으로 자리를 잡고 살기 시작한 생명체지. 박테리아는 다른 생물들과는 달리 유전자 변이가 쉽게 돼. 그래서 어떤 환경에서도 쉽게 적응하고 살아가지."

세균은 추운 극지방이나 400도가 넘는 뜨거운 물에서도 살고 있어.

"어! 그럼 박테리아랑 나랑 비슷하네? 우리 아빠가 저는 북극에 갖다 놔도 잘 살 거라고 했거든요. 헤헤!"

우람이는 솔비 마음도 모르고 느닷없이 자기 자랑을 했어.

"박테리아도 북극에서 살 수 있어요?"

궁금증 소녀 솔비가 물었어.

“그렇단다. 추운 극지방뿐만 아니라 400도가 넘는 뜨거운 물에서 살아가는 박테리아도 있고, 공기가 없는 우주에서 살아가는 박테리아도 있지.”

“박테리아가 나보다도 더 세네. 저는 공기가 없는 데서는 못 살 것 같아요. 잠수도 30초밖에 못하거든요.”

우람이는 혼자 코를 잡더니 숨을 참았어.

“박테리아는 종류만 해도 아주 다양하단다. 사람 입안에도 수백 종의 박테리아가 살고 있지. 박테리아는 저마다 좋아하는 먹이가 따로 있어. 설탕을 좋아하는 박테리아, 동물의 단백질을 좋아하는 박테리아, 비누를 좋아하는 박테리아 같은 것들 말이야.

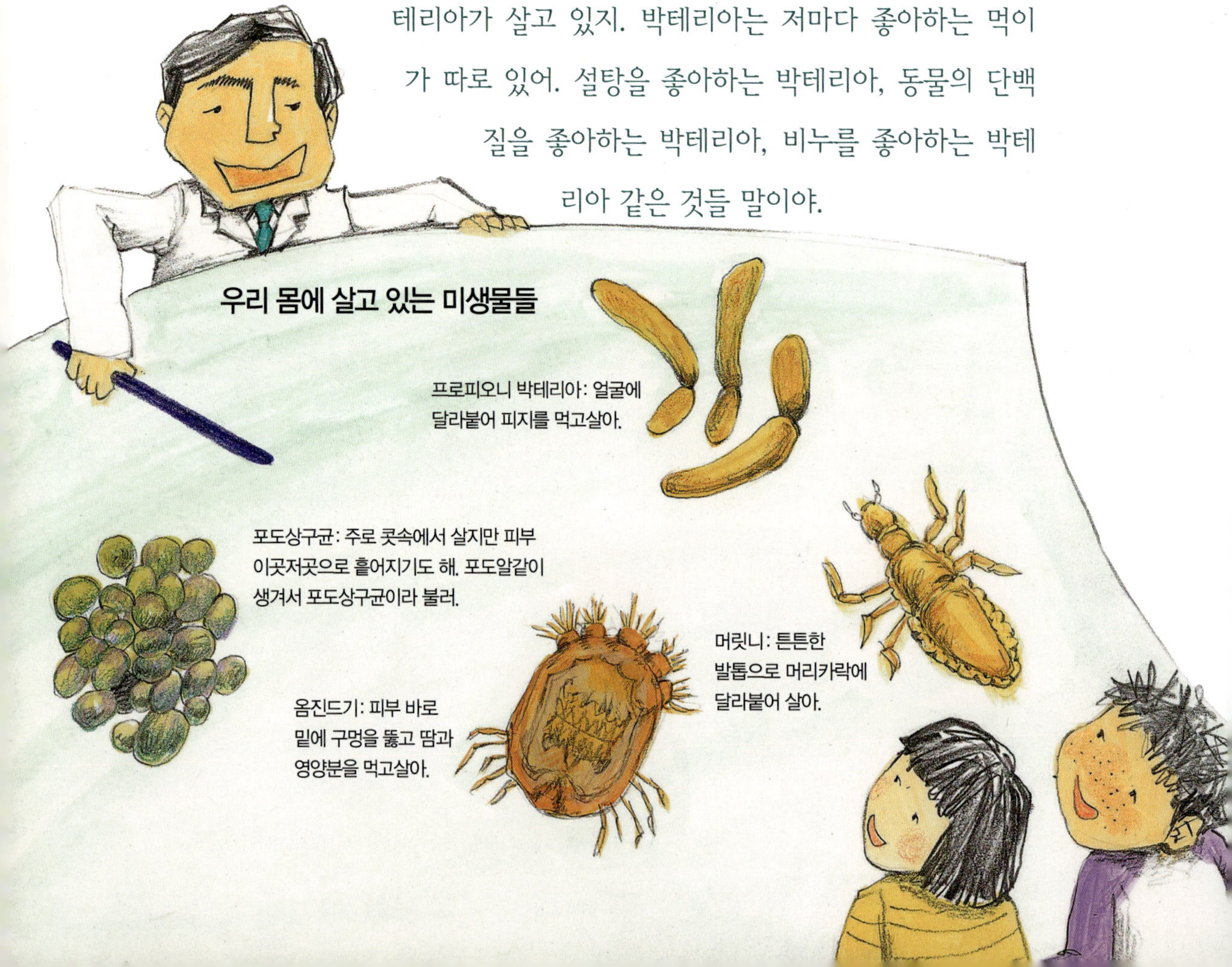
우리 몸에 살고 있는 미생물들
프로피오니 박테리아: 얼굴에 달라붙어 피지를 먹고살아.
포도상구균: 주로 콧속에서 살지만 피부 이곳저곳으로 흩어지기도 해. 포도알같이 생겨서 포도상구균이라 불러.
머릿니: 튼튼한 발톱으로 머리카락에 달라붙어 살아.
옴진드기: 피부 바로 밑에 구멍을 뚫고 땀과 영양분을 먹고살아.

우리 몸에는 박테리아와 곰팡이 같은 눈에 안 보일 정도로 아주 작은 벌레들이 살고 있어. 포도상구균, 미크로코쿠스, 코리네 박테리아는 피부에 사는 박테리아고, 프로피오니 박테리아는 얼굴에 살고 있지.

또 박테리아는 아니지만 머리카락 속에는 머릿니가 살고 있고, 속눈썹 밑에는 거미의 먼 친척인 속눈썹 진드기가 살고 있어. 몸집은 아주 작아도 거미처럼 다리가 여덟 개 있고 소시지처럼 생겼어. 손목과 겨드랑이 피부 바로 밑에는 구멍을 뚫고 피부를 가렵게 하는 옴진드기가 살고 있어. 속눈썹 진드기는 몸에 해가 안 되지만, 옴진드기는 조금 해가 되기도 하지.

박테리아가 우리 몸에 살고 있기만 해도 우리한테는 좋은 일이 일어난단다. 이로운 박테리아가 우리 몸에 많이 살면 해로운 병균이 비집고 들어올 틈이 없어지기 때문이야. 사람을 병들게 하거나 죽게 하는 박테리아보다 사람을 도와주는 박테리아가 훨씬 많거든. 혹시 몸에 해로운 병균이 우리 몸에 붙어도 너무 걱정하지 마. 원래부터 몸에 살고 있는 박테리아 덕분에 병균은 많이 생겨나지 못해."

"헉! 솔비야, 나 기록 세웠어. 숨 안 쉬는 거 30초가 기록이었는데 지금 41초나 참았어."

우람이가 호들갑을 떨었어.

"미안하지만 박사님 말씀 듣느라 못 봤어. 무효야."

"우씨!"

솔비의 말에 우람이는 입을 쭉 내밀었어.

"그런데요, 박테리아도 입이 있어요?"
솔비가 다시 광 박사한테 물었어.

"아니 없단다. 세포 하나로 되어 있는 박테리아는 피부로 둘레에 있는 먹이를 분해해서 녹인 다음 피부로 다시 흡수해. 박테리아는 종류에 따라 모양도 아주 다양해. 하지만 거의 모든 박테리아는 몸에 기다란 편모나 아주 작은 털이 나 있지."

"와! 신기하다. 입이 없어도 맛있는 걸 먹을 수 있다니 말이야."
우람이는 광 박사가 먹는 이야기를 하니까 갑자기 군침이 돌았어.

박테리아는
곰팡이처럼 물질을
분해해서 식물한테
유익한 영양분을
만들어 줘.

"박테리아도 세균이니까 모두 나쁜가요? 슈퍼 박테리아처럼 말이에요."

솔비가 광 박사의 얼굴을 살피며 물었어.

"거의 모든 박테리아는 세상에 꼭 필요하단다. 박테리아는 곰팡이처럼 물질을 분해해서 식물한테 유익한 영양분을 만들어 주거든. 하지만 몇몇 박테리아는 사람들한테 심각한 질병을 일으키기도 해. 질병을 일으키는 박테리아가 퍼지는 걸 막으려고 항생제를 쓰지. 항생제는 부작용을 일으키기도 하기 때문에 적당하게 써야 해."

"그럼 슈퍼 박테리아를 막을 수 있는 항생제도 있어요?"

솔비가 물었어.

"아직은 없어. 그래서 요즘 슈퍼 박테리아를 아주 활발하게 연구하고 있어. 몸이 건강할 때는 면역력이 좋아서 백혈구나 항체가 세균의 번식을 막아. 하지만 면역력이 떨어지면 세균을 막아 내는 게 힘들어져서 세균이 빠르게 몸에 퍼져. 그럴 때 항생제를 써서 박테리아의 번식을 막지. 아직 슈퍼 박테리아는 어떤 항생제로도 막을 수 없어, 슈퍼 박테리아에 감염된 사람들은 목숨을 잃기도 하지. 하지만 많은 사람들이 열심히 연구하고 있으니까 머지않아 슈퍼 박테리아를 막을 수 있는 항생제가 꼭 개발될 거야."

광 박사는 슬쩍 솔비의 눈치를 보는 것 같았어.

"귀여운 꼬마 손님들이 왔는데 그냥 보낼 수는 없지."

광 박사는 과자와 주스를 가지고 와서 탁자에 올려놓으며 말했어.

"와! 맛있겠다."

우람이는 흙장난하던 손을 불쑥 내밀어 과자를 집으려고 했어.

"야!"

솔비가 우람이 손을 탁 쳤어.

"왜?"

"손 씻고 와서 먹어. 네 손에는 다른 사람보다 백 배나 많은 박테리아가 살고 있을 거야."

"손 씻는 동안 네가 다 먹으려고 그러는 거지?"

"으이구! 안 먹고 기다리고 있을게."

솔비는 우람이의 등을 떠밀었어. 우람이는 후닥닥 화장실로 달려갔고 솔비는 다시 탐정처럼 광 박사한테 물었어.

"정말 슈퍼 박테리아를 막을 수 있는 항생제를 만드실 건가요?"

"그, 그럼!"

광 박사는 당황한 얼굴로 진땀을 흘리며 대답했어.

'정말 수상해!'

솔비는 앞으로 광 박사를 좀 더 유심히 살펴봐야겠다고 생각했어. 인류를 지키려면 말이야!

몸에 사는
미생물

건강해지려면 균을 마시라고?

“우람아, 광 박사가 일을 벌이기 전에 우리가 막아야 해.”

솔비는 뒷마당에서 우람이랑 비밀 회의를 하고 있었어.

“근데 우리가 어떻게 막아? 슈퍼 영웅도 아니고!”

우람이는 쪼그리고 앉아서 바닥에 그림을 그리며 말했어.

‘뿌우웅.’

“윽, 냄새!”

솔비가 코를 꽉 쥐었어.

“미안! 점심을 너무 많이 먹었나 봐.”

우람이가 웃으며 말했어. 방귀 냄새를 맡은 코코가 코를 킁킁거리며 뒷마당으로 왔어.

‘뿡 뿡 뿡 뿌웅.’

우람이는 연달아 방귀를 뀌었어.

솔비는 앞마당으로 도망갔어. 코코도 솔비를 따라 앞마당으로 갔지.

“솔비야, 우람이와 같이 와서 김치 부침개 먹어.”

솔비 엄마의 말에 우람이는 활짝 웃었지. 우람이랑 솔비는 밥상에 앉아서 김이 모락모락 나는 김치 부침개를 보며 좋아했어.

"와! 맛있겠다."

우람이가 먼저 부침개를 먹으려고 했어.

"잠깐!"

솔비가 젓가락으로 우람이의 젓가락을 탁 잡았어.

"아니, 왜 그래?"

"엄마, 광 박사님이랑 한가해 언니랑 같이 먹어도 되죠?"

솔비가 물었어.

"그러렴. 그럼 좀 더 만들어 줄게."

솔비랑 우람이는 부침개가 담긴 접시를 들고 광 박사 실험실로 갔어. 한가해 조수는 전자 현미경으로 무언가를 관찰하느라 정신이 없었어. 솔비는 부침개를 들고 비밀 실험실에 있는 광 박사한테 갔어. 비밀 실험실 문은 반쯤 열려 있었지. 광 박사는 컴퓨터로 무언가 열심히 쓰고 있었어. 그러다 솔비를 발견하고는 깜짝 놀라서 컴퓨터 전원 선을 확 뽑아 버렸지.

"너희가 웬일이냐?"

"김치 부침개 가지고 왔어요. 엄마가 따뜻할 때 드시래요. 근데 뭐 하고 계셨어요? 슈퍼 박테리아를 없앨 항생제를 만들고 계셨어요?"

솔비가 계속 끈질기게 물었어.

"어, 그러니까 그게."

광 박사는 곤란한 얼굴만 할 뿐 대답을 못했어.

"와! 부침개 냄새가 정말 좋구나. 너희도 같이 먹자꾸나."

광 박사는 말을 돌리며 아이들을 데리고 탁자로 가더니 평소답지 않게 호들갑을 떨며 부침개를 우걱우걱 먹었지.

"켁켁!"

광 박사는 부침개를 너무 급하게 먹어서 목에 걸렸나 봐.

"꺼억!"

광 박사는 속이 안 좋은지 트림도 했어.

"오랜만에 기름진 음식을 먹었더니 장이 탈 났나 봐."

광 박사는 실험실 한쪽에 있는 삼각 플라스크의 하얀 액체를 마셨어. 우람이가 입을 헤 벌리고 광 박사가 액체를 마시는 모습을 보고 있었어. 광 박사는 우람이랑 눈이 마주치자 삼각 플라스크에 있는 액체를 잔에 따르더니 솔비와 우람이한테도 나눠 줬어.

"너희도 좀 마실래? 내가 만든 균이란다. 장에 좋은 유산균!"

"네? 균을 마시라고요? 우리를 죽일 작정이세요? 도대체 광 박사님의 속셈이 뭐예요?"

솔비는 깜짝 놀라서 연거푸 말을 쏟아 냈어.

"하하하! 너희 장을 튼튼하게 해 주려는 게 내 속셈이지. 균을 너무 예민하게 생각할 필요는 없어. 어차피 사람은 미생물과 함께 살아가고 있잖아. 사람 몸에는 1킬로그램이나 되는 미생물이 꾸물거리고 있지. 하지만 건강한 사람의 몸은 스스로 미생물을 조절할 수 있는 힘이 있어."

광 박사는 솔비와 우람이한테 미생물 이야기를 계속했어.

"우리가 음식이나 공기 속에 있는 미생물을 먹어도 별 걱정은 없단다. 미생물은 식도를 지나 위장에 가면 거의 다 죽어. 위장이 강한 산성을 띠고 있기 때문이지. 위장에서 분비되는 산도가 높은 위산은 미생물이 살아서 장으로 내려가는 것을 막아 준단다.

산도가 떨어지는 장에는 오백 종이 넘는 세균이 살고 있어. 미생물이 모두 나쁜 것은 아니야. 소화를 돕거나 면역력을 높이고, 독을 분해하기도 한단다. 더구나 장에는 유익한 미생물이 많이 살아. 장에 사는 유익한 균들은 우리 몸에 영양분이 흡수되는 것을 돕고, 우리 몸에 꼭 필요한 비원(B1), 비투(B2), 비식스(B6), 비트웰브(B12)와 같은 비타민을 만들기도 해."

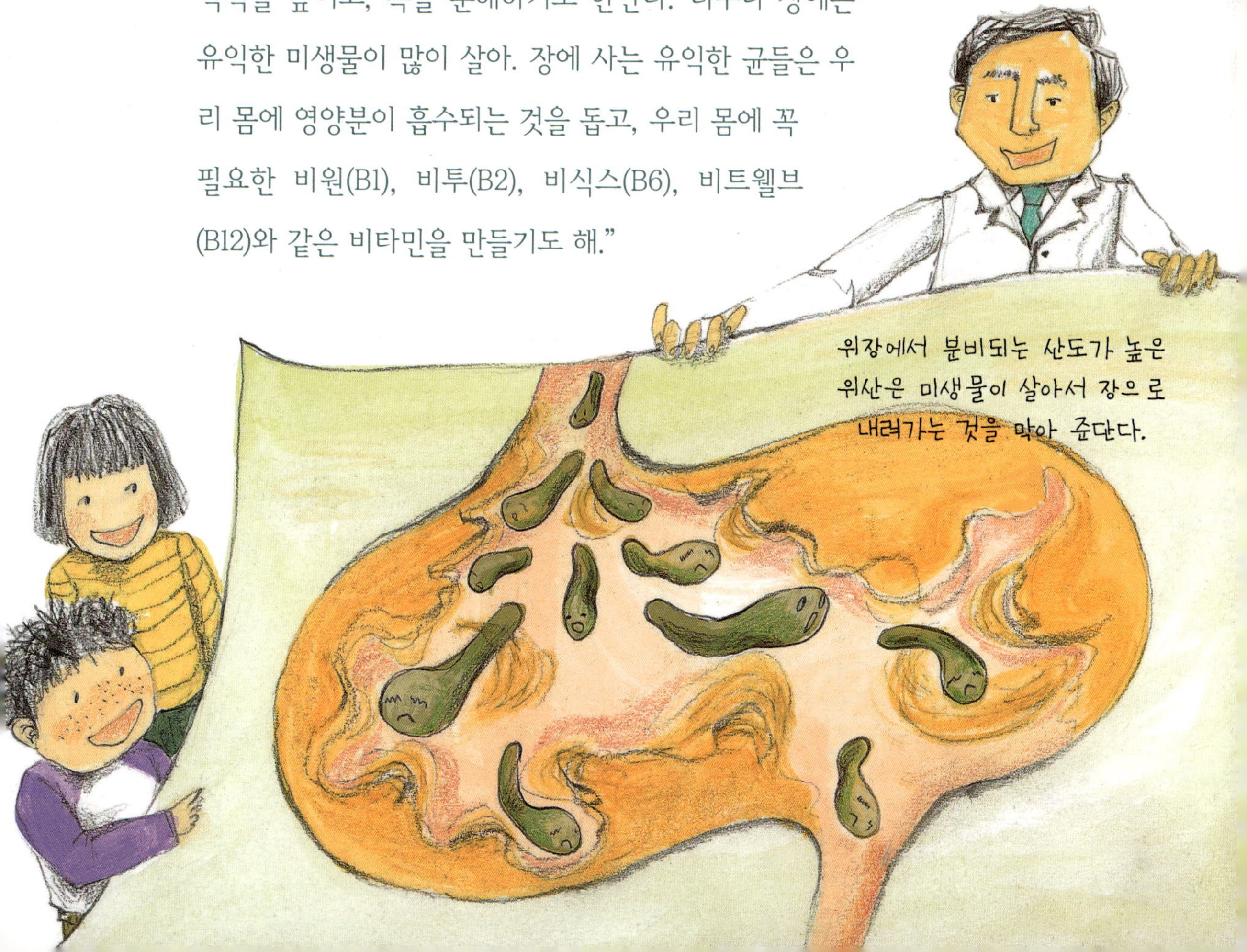
위장에서 분비되는 산도가 높은
위산은 미생물이 살아서 장으로
내려가는 것을 막아 준단다.

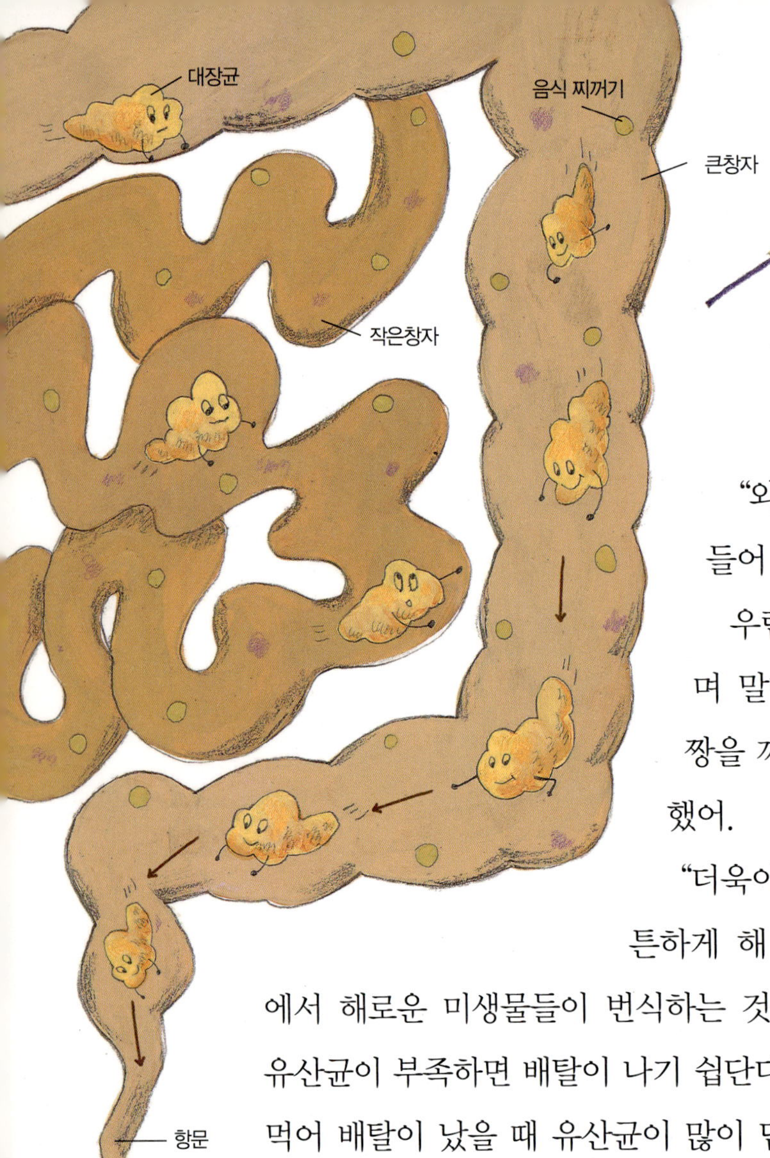

"와! 미생물이 비타민도 만들어 낸다고요?"

우람이가 눈을 동그랗게 뜨며 말했어. 솔비는 여전히 팔짱을 끼고 광 박사를 계속 의심했어.

"더욱이 유산균은 우리 장을 튼튼하게 해 준단다. 유산균은 대장에서 해로운 미생물들이 번식하는 것을 막아. 그래서 장속에 유산균이 부족하면 배탈이 나기 쉽단다. 몸에 해로운 미생물을 먹어 배탈이 났을 때 유산균이 많이 담긴 음식을 먹으면 해로운 미생물의 번식을 막아 주지. 너희가 좋아하는 요구르트도 유산균이 들어 있는 음료수야. 내가 너희한테 준 것도 내가 직접 우유로 만든 요구르트야."

"저도 장이 안 좋은 것 같아요. 음식만 먹으면 방귀가 '뿡뿡뿡' 나오거든요."

우람이는 앞에 놓인 유산균 음료를 벌컥벌컥 마셨어.

"와! 맛있다. 박사님, 요구르트 만들어서 팔아도 부자 되시겠어요. 장에 좋은 광 박사 요구르트!"

솔비는 우람이를 한심하게 바라봤어. '우람이는 기억 상실증에라도 걸린 걸까?' 하고 생각했지. 좀전까지만 해도 나쁜 일을 꾸미는 광 박사를 어떻게 막아야 할까 함께 고민했잖아. 그런데 겨우 몇 분 만에 까맣게 잊어버리고 광 박사가 만든 요구르트를 먹고 저리도 좋아하다니…….

"유산균처럼 우리 몸에 살고 있는 이로운 미생물을 '정상균총'이라고 해. 만약 우리 몸에 살고 있는 정상균총이 없어지면 여러 가지 질병에 걸리기 쉬워. 정상균총이 사라지면 우리 몸은 질병을 일으키는 유해한 미생물의 천국이 될테니까."

광 박사가 너그러운 얼굴로 솔비한테 말했어. 그때 한가해 조수가 우람이한테 다가왔어.

"마침 잘 됐다. 우람아, '아' 해 봐. 네 입안에 있는 미생물 좀 가져가게! 내가 요즘 아이들의 입속 미생물을 연구하고 있거든. 아이들의 입속에 살고 있는 나쁜 미생물을 없애는 성분이 담긴 껌을 만들려고 말이야. 어때, 좋은 생각이지?"

한가해 조수는 우람이 혀와 이, 잇몸, 입 천장에서 긁어낸 세포들을 유리판에 옮겼어.

"내 입속에는 침밖에 없는데 뭐가 있다고 그래요?"

우람이가 물었어.

"입속에는 수백여 종의 미생물이 살아. 혀에 하얗게 낀 치태 1그램에는 1억 마리가 넘는 세균이 살고 있지. 입속에는 충치를 일으키는 세균도 있어. 이 세균은 우리가 설탕과 같은 당분이 든 음식을 먹으면, 입속 세균도 당분을 먹고 빠르게 번식하지.

세균은 이를 감싸고 있는 에나멜 층을 파괴하고 단백질을 분해하는 효소를 만들어 내서 끝내 이를 썩게 해. 그러니까 될 수 있으면 설탕 같은 단 음식을 먹지 말고, 만약 단 음식을 먹었다면 바로 이를 닦아서 입속에 있는 나쁜 세균을 없애야 해."

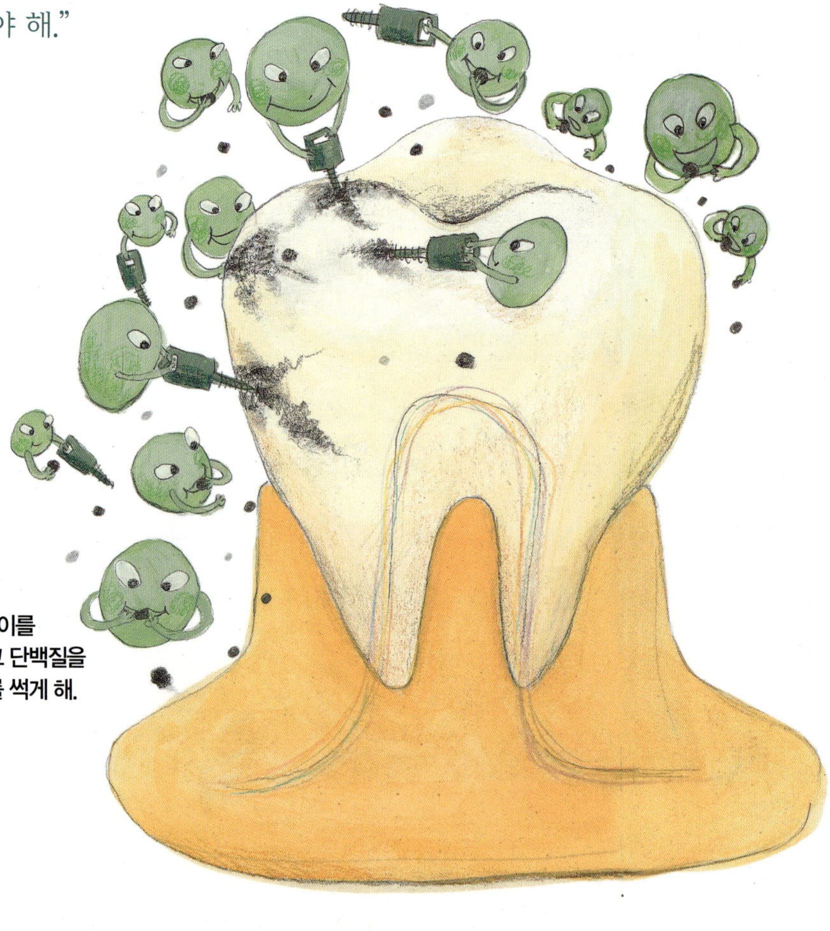

당분이 든 음식을 먹으면, 세균은 이를 감싸고 있는 에나멜 층을 파괴하고 단백질을 분해하는 효소를 만들어 내서 이를 썩게 해.

“미생물은 습한 곳을 좋아하나 봐요. 제 발은 땀이 많이 나서 곰팡이 천국이에요. 그래서 무좀이 생겼어요. 입도 습기가 많으니까 미생물이 많이 사는 거죠?”

우람이는 무좀이 생긴 게 무슨 자랑거리라도 되는 듯이 말했어.

“그래, 미생물은 건조한 것은 별로 안 좋아해. 거의 모든 미생물은 따뜻하고 습한 것을 좋아하지. 피부는 입속보다 건조한 편이어서 미생물이 살기에 좋은 곳은 아니야. 피부 1제곱센티미터에 1백여 마리의 세균이 사니까 입속이나 장에 견주면 무척 적은 수지. 하지만 겨드랑이나 생식기 둘레처럼 습한 곳은 미생물이 모여 살기에 딱 좋아. 또 털이 자라는 모낭 둘레에는 피지선이 있어서 아미노산이나 젖산과 같은 영양분이 많이 나오거든. 모낭은 미생물한테 아주 훌륭한 집이야.”

“우리 몸은 미생물 천국이네요. 나쁜 미생물도 있고, 좋은 미생물도 있고요. 눈에는 안 보이는데 그렇게 많은 미생물이 제 몸에 살고 있다니 정말 신기해요.”

우람이가 한쪽에 있는 거울을 보며 말했어. 그때 광 박사의 휴대전화가 울렸지.

“여보세요? 네!”

광 박사는 무척 곤란한 얼굴로 전화를 받았어.

“죄송합니다! 아직 마무리가 안 됐어요. 작업이 어렵네요. 다음

모낭 둘레에는 피지선이 있어서 아미노산이나 젖산과 같은 영양분이 많이 분비돼. 모낭은 미생물한테 아주 훌륭한 집이야.

주까지는 마무리하겠습니다. 그런데 제가 이런 일을 해도 되는 건지 영 마음에 걸리네요. 그냥 미생물 연구하는 일이나 열심히 할걸 하는 생각이 들어요. 자꾸 자신도 없어지고요."

솔비는 속으로 생각했어.

'광 박사 뒤에 누군가 있는 모양이야. 하지만 단서가 없으니 어쩌지? 단서를 잡아야 해.'

"네, 알겠습니다. 용기를 갖고 열심히 해 볼게요. 제 평생의 꿈이었으니까요."

솔비는 광 박사의 얘기를 귀담아 들었고, 광 박사는 전화를 끊고 다시 비밀 실험실로 들어갔어.

"다음 주까지 완성한다고?"

솔비는 혼자 중얼거렸어.

발효와 부패

미생물 잔치에 초대합니다!

솔비가 학교에서 돌아오니 문 앞에 엽서 한 장이 붙어 있었어.

"누가 보낸 거지?"

> 솔비야, 안녕? 한가해 언니야!
>
> 오늘 광 박사님 생일이야. 우리가 생일잔치 열어 드리자.
>
> 광 박사님은 식구가 없어서 늘 생일을 쓸쓸하게 보내셨어.
>
> 음식은 내가 준비할게. 광 박사님이 좋아하는 미생물로 여러 가지 음식을 만들 거야. 미생물로 발효시킨 요리들은 소화도 잘 되고 몸에도 좋거든.
>
> 너도 꼭 와서 광 박사님의 생일을 축하해 주면 좋겠어.
>
> 시간 : 오늘 저녁 5시
>
> 장소 : 광 박사님 실험실

편지를 읽은 솔비는 광 박사가 가엾다고 생각했어.

"광 박사님처럼 유명한 사람도 외롭고 쓸쓸할 때가 있구나. 무서운 음모만 안 꾸미면 내가 좋은 친구가 되어 드릴 텐데!"

솔비는 우람이와 함께 여러 가지 들꽃을 한 아름 꺾어서 광 박사

집으로 찾아갔어. 실험실에서는 한가해 조수 혼자 땀을 흘리며 음식을 만들고 있었어.

"바쁘다, 바빠!"

그런데 한가해 조수가 차리고 있는 잔칫상은 뭐랄까 좀 어색했지. 가장 먼저 여러 가지 김치가 눈에 띄었어.

"언니, 김치가 이렇게나 많아요?"

솔비는 깜짝 놀랐어. 배추김치, 깍두기, 백김치, 동치미, 파김치……. 김치 종류만 열 가지나 되었거든.

"김치는 우리 몸에 정말 좋은 음식이야. 비타민도 가득하고 유산균도 많이 들어 있어, 세계에서도 건강 식품으로 주목을 받는 훌륭한 음식이지."

한가해 조수는 고들빼기김치를 접시에 담으며 말했어.

"아무리 그래도 그렇죠. 완전 김치 잔치잖아!"

우람이가 솔비를 거들었어.

"걱정 마. 식빵, 된장, 요구르트, 포도주, 치즈도 있어. 이 음식들은 모두 미생물로 발효했단다."

"발효가 뭔데요?"

우람이는 음식 차리기에 정신 없는 한가해 조수를 따라다니며 물었어. 솔비도 발효가 무엇인지 궁금했지.

"미생물은 자신이 가지고 있는 효소로 유기물(살아 있는 물체를 이루며, 그 안에서 여러 가지 활동으로 만들어지는 물질. 동물, 식물, 배설물 따위)을 분해해서 먹고 나머지 물질은 몸 밖으로 내보낸단다. 이런 활동을 대사라고 하는데, 미생물의 대사 활동이 사람들한테 유익하면 발효라고 하고 해로우면 부패라고 해."

솔비와 우람이는 배추김치가 담긴 접시를 들어 뚫어져라 바라보며 한가해 조수의 말을 들었어.

"발효와 부패를 진행시키는 세균은 다르단다. 부패균이 활동을 하면 악취가 나지. 그건 부패균들이 활동을 해서 악취가 나는 아민이나 황화수소를 만들어 내기 때문이야. 이 과정을 부패라고 해. 부패균은 유기화합물이 자연 상태에 있을 때 거의 나타나. 배추를 그냥 두면 부패하지만 소금에 절이면 부패균이 작용을 못해 부패하지 않아. 그것을 그릇에 담아 온도를 맞춰 보관하면 발효균이 작용을 해서 맛있는 김치가 되는 거야."

"김치 하나에도 그런 깊은 원리가 있네요."

솔비는 그동안 하찮게 보고 아무 생각 없이 먹기만 했던 김치가 대단한 음식처럼 여겨졌어.

"발효균 가운데 가장 오래된 것은 알코올 발효균들이야. 포도주를 만들 때 쓰는 포도주 효모균과 맥주를 만들 때 쓰는 맥주 효모균이지. 술 말고도 우리 전통 발효 음식인 된장, 청국장, 젓갈, 김치가 있지. 또 요구르트,

치즈, 빵도 발효 음식이야."

"와! 엄마가 건강 식품이라고 주시는 게 전부 발효 음식이네요?"

"그렇단다. 우리나라는 세계에서 발효 음식이 가장 발달한 나라야. 우리 식탁을 생각해 보면 쉽게 알 수 있어. 우리 음식 가운데 된장이나 고추장, 간장이 안 들어가는 음식은 아마 거의 없을 거야. 우리 음식 문화는 된장 간장 같은 장류가 빠질 수 없는데 그것이 바로 발효 음식이거든. 또 각종 장아찌, 젓갈같이 발효시킨 전통 음식이 참 많아. 서양에는 치즈나 요구르트, 포도주가 발효 음식이지."

"그럼 발효된 음식이 몸에 왜 좋은 거예요?"

우람이는 치즈 한 장을 집어 먹으며 한가해 조수한테 물었어.

"김치에 들어 있는 젖산균과 유산균은 사람의 장에 머물며 나쁜 세균이 몸속으로 들어오는 것을 막아 줘. 유산균 음료를 마시는 것보다 잘 익은 김치를 먹는 것이 젖산균과 유산균을 수십 배 먹는 거란다. 또 김치를 만들 때 넣는 재료인 무, 마늘, 생강은 암을 예방해 주지. 최근에는 자연 발효한 김치가 식중독균인 살모넬라균, 포도상구균, 비브리오균, 병원성대장균이 자라는 것을 막는 데 효과가 뛰어나다는 연구 결과도 나왔어."

한가해 조수는 신이 난 듯 계속 말을 이었어.

"콩을 발효하면 백 그램당 천억 마리 이상의 소화효소균이 생겨 소화 흡수율도 높아진단다. 특히 청국장에서 볼 수 있는 끈적끈적한 실 모양의 점질 물질에는 면역을 올리는 효과가 있는 고분자 핵산, 항산화 물질, 혈전용해 효과가 있는 단백질 분해 효소가 들어 있어."

한가해 조수는 지금껏 만든 여러 가지 음식을 밥상에 가득 차려 놓았어. 치즈와 포도주, 김치와 된장찌개, 밥, 빵과 치즈와 요구르트 등 어울리는 것들끼리 모아 두니까 제법 먹음직스럽고 훌륭한 잔치 음식이 됐어. 음식을 담은 접시들 사이에는 솔비와 우람이가 꺾어 온 꽃들을 꽂아 두었지.

"그런대로 훌륭한 생일상이 됐네!"

솔비가 기대에 부풀어서 어깨를 들썩였어.

"아! 배고프다."

우람이는 입맛을 다시며 배를 쓱쓱 문질렀지. 마침 그때 대문 열리는 소리가 났어. 솔비와 우람이, 한가해 조수는 폭죽을 들고 문 뒤에 숨었어.

"펑펑펑! 생일 축하해요. 광 박사님!"

광 박사가 들어오자 모두 폭죽을 터뜨리며 큰 소리로 생일 축하를 외쳤어.

"아이쿠!"

광 박사는 깜짝 놀라서 뒷걸음을 쳤어.

“오늘이 내 생일이었나? 이 많은 음식을 너희가 다 만든 거야?”

광 박사는 자기 생일인지도 몰랐나 봐. 모두들 상에 모여서 소화도 잘되고 몸에도 좋은 미생물 음식을 먹었어. 광 박사는 생일상이 정말 맘에 들었나 봐. 음식을 먹으면서도 자꾸 싱글벙글 웃었어. 무슨 말을 해도 ‘허허허’ 하고 웃었어. 그런 광 박사의 얼굴을 보며 솔비는 의아했어.

‘저렇게 포근해 보이는 사람이 왜 그런 무서운 일을 꾸미는 걸까? 광 박사님의 자상한 겉모습에 넘어가면 안 돼. 또 어떤 음모를 꾸미고 있을지 몰라.’

솔비는 정신을 차리고 광 박사의 행동을 살폈어. 광 박사가 화장실로 가자 솔비는 슬쩍 광 박사의 비밀 실험실로 들어갔어. 만약 광 박사한테 들키면 코코를 찾으러 비밀 실험실에 들어갔다는 핑계를 대기 위해서 코코도 데리고 갔지.

마침 광 박사의 컴퓨터가 켜져 있었어. 컴퓨터 화면에 떠 있는 문서에는 무시무시한 내용이 담겨 있었어. 핵폭탄보다도 더 강력한 미생물 무기를 만들어서 세계를 뒤흔드는 막강한 힘을 얻겠다는 내용이었어.

"헉!"

솔비는 숨이 턱 막혔어. '띠링!' 컴퓨터 화면에 '죽음의 잠수함'이라는 대화명을 쓰는 사람이 메신저로 말을 걸었어.

'미생물 무기는 잘 마무리되고 있나요?'

컴퓨터 화면을 바라보고 있는 솔비의 몸이 떨렸어.

"솔비야! 뭘 보는 게냐?"

조금 전 모습과는 달리 광 박사의 날카로운 목소리가 솔비의 심장을 찌르는 듯했지.

"아니, 그게, 저, 저는 아무것도 못 봤어요."

솔비는 눈물이 터질 것만 같았어. 광 박사가 너무 무서워서 마주하고 이야기하기도 싫었어. 그래서 그렇게 말하고는 실험실을 뛰쳐나와 집으로 갔어. 솔비를 따라 코코도 뛰어나갔어.

"솔비야!"

우람이도 솔비를 부르며 뛰어나갔지. 솔비가 집으로 가는 바람에 광 박사의 생일잔치도 끝이 났어. 솔비는 이제 어떻게 해야 할지 너무 겁이 났어.

몸에 좋은 발효 음식들!

한국의 대표 발효 식품, 김치

배추, 무, 파와 같은 여러 가지 채소를 소금에 절인 다음 양념을 하는 과정에서 자연스럽게 들어간 미생물들이 채소를 맛있게 발효시킨 음식이야. 이때 음식을 부패시키는 미생물은 소금 때문에 죽어. 하지만 소금에 강한 유산균은 살아남아 채소를 발효시키지. 이미 미생물로 발효된 젓갈을 넣으면 더 많은 미생물이 발효되어서 맛도 아주 좋아져.

밀가루를 효모로 발효시켜서 만든 식빵

밀가루를 반죽할 때 효모를 넣으면 밀가루가 익으면서 부풀어 올라. 이것은 효모가 운동을 하면서 이산화탄소를 만들기 때문이지. 효모는 빵이나 술을 만들 때 쓰지.

콩을 발효시켜서 만든 된장

된장, 간장, 고추장, 청국장과 같이 콩으로 만드는 장류는 무기질이 많이 들어 있는 훌륭한 전통 발효 식품이야. 콩은 단백질이 많이 들어 있어 완전식품이라고 해. 하지만 그대로 먹으면 소화 흡수가 잘 안 되고, 미생물로 발효시켜 장으로 만들어 먹으면 소화 흡수가 잘돼.

우유를 유산균으로 발효시켜서 만든 요구르트

요구르트는 소나 양 같은 동물의 젖을 발효시켜서 만들어. 요구르트에는 유산균이 참 많이 들어 있어. 대장은 독소를 만드는 나쁜 미생물들이 번식하기 좋은 곳이야. 하지만 유산균이 대장에 있는 나쁜 미생물의 번식을 막아 주고, 또 독소가 발생하거나 우리 몸에 흡수되는 것을 막아 줘. 요구르트를 많이 먹는 나라의 사람들이 오래 사는 건 바로 그 까닭에서야. 더구나 장이 나빠서 변비나 설사 때문에 고생한다면 요구르트를 먹으면 도움이 될 거야.

포도를 효모로 발효시킨 포도주

포도주는 아주 오래 전부터 마시던 술이야. 포도주, 맥주, 막걸리처럼 과일이나 곡물을 발효시켜서 만든 술을 양조주라고 해. 포도주는 맛도 좋을 뿐만 아니라 적당히 마시면 심장병, 고혈압, 저혈압 같은 질병에 좋아. 그래서 서양 사람들은 밥을 먹을 때 포도주를 즐겨 먹어.

부드러운 발효 식품, 치즈

쫀득쫀득, 찍찍 늘어나는 고소한 치즈도 요구르트처럼 우유를 발효시켜서 만들어. 미생물과 레닌이라는 효소가 작용해서 액체 상태인 우유를 단단한 치즈로 만드는 거지. 치즈를 만들 때 발효하는 미생물에 따라 맛도 이름도 달라져. 더욱이 하얀 치즈에 거뭇거뭇한 무늬가 있는 푸른 치즈는 푸른 곰팡이가 만들어 낸 작품이지.

발효와 부패의 차이는 뭘까?

미생물은 유기물질을 분해해서 먹고, 나머지 물질은 몸 밖으로 내보내. 이러한 활동을 대사라고 하지. 미생물은 대사를 하면서 유기물질을 분해하는데, 미생물의 대사 활동이 사람들한테 유익하면 발효라고 하고, 해로우면 부패라고 해.

미생물의 대사 활동으로 음식을 발효시킬 때, 불필요한 미생물이 늘어나서 음식이 썩는 것을 막으려고 소금을 뿌리기도 하지.

미생물 무기

물 위로 드러난 죽음의 잠수함

솔비는 방으로 들어와서 문을 쾅 닫았어.

"깨갱!"

코코가 문에 맞아 엄살을 부렸어. 하지만 솔비한테는 아무 소리도 안 들렸어. 솔비는 침대에 벌렁 누워서 천장을 보며 생각했어.

'코코가 물어 온 쪽지에 광 박사는 바이러스를 퍼트리고 백신을 팔아서 돈을 모아야 한다고 적혀 있었어. 자신의 꿈을 이루려면 돈이 필요하다고. 그 돈으로 무엇을 하려는 것일까? 광 박사는 지금 무시무시한 미생물 무기를 만들고 있는 게 분명해. 그렇다면 미생물 무기로 세상을 정복하려는 꿈을 꾸는 걸까? 인터넷 메신저로 말을 걸어온 '죽음의 잠수함'은 누구지? 그래, 광 박사와 손을 잡고 일을 꾸미는 사람일 거야.'

솔비는 벌떡 일어나서 컴퓨터를 켰어. 그러고는 광 박사 컴퓨터 화면에서 봤던 미생물 무기를 검색해 봤어. 솔비는 천연두, 탄저균, 페스트 같은 미생물이 핵폭탄만큼이나 영향력이 크다는 것을 알고 무척 놀랐어.

옛날부터 사람을 죽게 하는 미생물을 무기로 만들어 썼다는 거야. 호밀에 사는 곰팡이로 적군의 손발을 썩게 하거나, 천연두 바이러스를 써서 문명을 파괴하기도 했지.

2차 세계대전 때, 일본의 731부대에서는 무기로 쓸 세균으로 여러 가지 실험을 했어. 그때 중국, 러시아, 한국, 몽골 사람이 실험 대상이 되었지. 사람을 죽이는 방법으로 세균 실험을 하다니 정말 상상도 하기 힘든 잔인한 일이었어.

일본은 그런 미생물 무기를 전쟁에 쓰기도 했어. 사람을 쉽게 죽이려고 페스트균을 지닌 벼룩을 하늘에 뿌리기도 하고, 강물에 장티푸스균을 풀어놓기도 했지.

독일도 포로들한테 독성이 강한 미생물 주사를 놓아 가며 실험한 끝에 무시무시한 미생물 무기를 만들었어. 탄저균으로 폭탄을 만들기도 했지. 미국과 소련도 핵무기와 함께 미생물 무기를 만드는 데 힘을 쏟았어. 그런 모든 나라들이 더 강력한 살상 효과를 내려고 고심했지.

세계 몇몇 나라가 엄청난 미생물 무기를 만드는 것에 성공하자 사람들은 공포에 시달려야 했어. 언제 어떤 미생물로 죽게 될지 모르는 일이니까. 미생물 무기를 만든 사람들조차 미생물 무기의 강력한 힘에 겁을 먹었지.

1972년에는 세계 여러 나라의 대표들이 모여서 그동안 만든 미생물 무기를 폐기하고, 더는 미생물 무기를 안 만들기로 약속했어. 하지만 어떤 나라들은 약속을 하고도 몰래몰래 미생물 무기를 만들기도 했어. 아직도 미생물 무기가 사라졌다고 안심할 수는 없지. 솔비는 광 박사가 엄청난 미생물 무기를 만들고 있다는 사실을 혼자 감당할 수 없을 것 같았어.

"솔비야, 과일 먹어!"

엄마가 문을 벌컥 열고 말했어.

"엄마! 드릴 말씀이 있어요."

솔비는 컴퓨터 책상에 앉아서 엄마한테 말했어.

"뭔데?"

엄마는 사과를 아작아작 먹으며 말했어.

"광 박사님 비밀을 알게 됐어."

"무슨 비밀? 광 박사님도 우리 솔비처럼 어디다가 성적표를 숨겨놨다던?"

엄마는 장난으로 받아들였어.

"그런 게 아니야. 진짜 중요한 일이니까 절대 장난으로 듣지 마!"

솔비가 굳은 얼굴로 진지하게 말하자 엄마도 진지하게 솔비의 말을 들었어.

"알았어. 말해 봐. 광 박사님한테 무슨 문제라도 있어?"

솔비는 엄마한테 다가가더니 귓속말을 했어.

"글쎄, 광 박사님이 온 세계를 파괴하려고 미생물 무기를 만들고 있어. 미생물 무기를 세상에 뿌리면 수많은 사람들이 죽게 될 거야."

솔비는 살짝 미간을 찌푸리며 엄마의 얼굴을 살폈어.

"솔비야!"

엄마는 솔비의 양쪽 어깨를 잡으며 말했어.

솔비는 고개를 크게 끄덕이며 진지한 얼굴로 엄마를 바라봤어.

"게임 좀 그만하렴! 이젠 게임과 현실이 구분도 안 되는 모양이구나."

엄마는 솔비 입에 사과 한 쪽을 쑥 넣고는 거실로 나가 버렸어.

"아이고, 이제 별 귀신 씨나락 까먹는 소릴 다 듣겠네."

"엄마는! 진짜라니까."

솔비는 입에 사과를 물고 엉성한 발음으로 외쳤어. 하지만 엄마는 들은 체도 안 했어.

"하긴, 엄마한테 말해 봐야 무슨 소용이 있겠어. 엄마가 악의 무리를 물리치는 정의의 용사도 아니고, 경찰도 아닌데 말이야."

솔비는 입에 물고 있던 사과를 아작아작 씹으며 말했어.

"그래, 경찰 아저씨한테 알려야 해."

솔비는 컴퓨터에서 여러 가지 미생물 무기 가운데 탄저균과 천연두 바이러스, 페스트균 자료를 출력했어.

"경찰 아저씨도 내 말을 못 믿을지 몰라. 미생물이 정말 무서운 것이라는 걸 아는 사람은 안 많으니까."

미생물 무기는 어떤 것이 있을까?

[탄저균]

미국 국회의사당으로 배달된 편지 봉투에 탄저병을 일으키는 균의 포자가 담겨 있었다. 이 우편물을 받은 사람은 공기 속에 있던 탄저균을 입속으로 빨아들여 죽었다. 이처럼 탄저균은 사람을 죽게 하는 무서운 박테리아의 하나다. 더구나 탄저균은 포자 형태로 사람의 호흡기에 들어가면 24시간 안에 죽는다. 테러리스트들은 탄저균과 같이 살포가 쉽고, 비용이 적게 드는 미생물 무기를 써서 사람들을 공포에 몰아넣곤 한다.

[천연두 메이저 바이러스]

천연두를 일으키는 천연두 메이저 바이러스는 역사상 가장 많은 사람들의 생명을 빼앗은 미생물이다. 천연두는 사람들한테 강력하고 빠르게 퍼져 나갔기 때문이다.

고대 이집트, 로마 제국, 아메리카 대륙, 멕시코는 물론 우리나라에서도 한때 천연두가 퍼져 수많은 사람들이 죽었다. 하지만 영국의 '제너'가 '백시니아 바이러스'로 천연두를 막을 수 있는 백신을 만들었다. 그 백신은 전 세계의 천연두 바이러스를 없애기 시작했고, 1977년에 지구상에서 천연두 바이러스를 전부 없앨 수 있었다. 하지만 아직도 여러 나라의 연구실에는 천연두 바이러스가 보관되어 있다. 천연두 바이러스가 무기로 변신한다면 또다시 순식간에 엄청나게 많은 사람들의 생명을 빼앗아 갈 것이다.

[페스트균]

페스트균은 박테리아의 하나로 주로 야생에 사는 쥐나 토끼 같은 동물 몸속에서 살고 있다. 페스트균이 있는 동물과 접촉하면 이백여 종의 다른 동물한테 전해지기도 한다. 물론 사람도 예외는 아니다.

사람이 페스트균에 감염되면 흑사병이 생긴다. 그동안 흑사병으로 수많은 사람들이 죽었다. 14세기에는 유럽에 흑사병이 퍼져서 2천5백만 명이 죽었다. 이는 유럽 사람 넷 가운데 하나가 흑사병으로 죽은 셈이었다.

솔비는 미생물 무기에 관한 자료를 들고 경찰서로 갔어.

"저, 이것 좀 보세요!"

솔비는 들고 간 종이를 경찰 아저씨한테 내밀었지. 경찰 아저씨는 종이를 훑어보고는 물었어.

"미생물 무기를 조사해서 경찰한테 보여 주는 게 학교 숙제야?"

"아니요! 미생물 무기가 얼마나 무서운지 아시겠죠?"

솔비는 또박또박 말했어.

"그래. 몇년 전에 다른 나라에서 탄저균 테러가 있었을 때 우리나라에서도 미생물 무기의 위협을 느껴 여러 가지 예방 조치를 했잖아. 신문마다 '백색 가루의 공포!' 라는 기사가 나 난리도 아니었지. 근데 왜?"

솔비는 엄마보다 경찰 아저씨와 말이 더 잘 통하는 것 같아 마음이 놓였어. 솔비는 용기를 내어 경찰 아저씨의 귀에 대고 말했어.

"사실은요, 우리 옆집에 미생물 박사인 광 박사님이 사시는데요, 그 박사님이 미생물 무기를 만들어서 사람들을 위협하려고 해요. 또 그분 뒤에는 분명 누군가 있는데, 죽음의 잠수함이라는 별명을 쓰고 있어요."

경찰 아저씨는 솔비의 말에 어이없다는 듯이 배를 잡고 한참을 웃었어.

"어른한테 장난치면 안 된다. 오늘은 만우절도 아니잖아? 어서 돌아가서 공부나 해. 그 머리로 공부하면 좋은 대학 가겠구나."

경찰 아저씨는 계속 웃으면서 솔비를 경찰서 밖으로 내보냈어.

"정말이에요! 제가 다 조사했다니까요."

솔비는 떠밀려 나가면서도 종알거렸어.

"그러셔? 그럼 아주 뚜렷한 증거를 가지고 오시든가! 엄마가 걱정하시니 어서 가라."

솔비는 답답해서 콧김을 훅훅 뿜으며 그 자리에 서 있었어. 경찰 아저씨는 문을 닫고 안으로 들어가 버렸지. 그 젊은 경찰은 다른 경찰들한테 이야기를 하며 '깔깔깔' 웃었어. 아마도 솔비 이야기를 하는 것 같았어.

"치! 내가 단서를 찾기만 하면 그때는 오늘처럼 나를 무시하지는 못할 거야. 나중에 기자들이 인터뷰를 하려고 나한테 찾아오면 저 경찰 아저씨의 잘못을 꼭 말할 거야."

솔비는 코코를 데리고 우람이네 집으로 갔어.

"우람아! 우리가 꼭 단서를 찾아야 해. 광 박사는 지금 엄청난 음모를 꾸미고 있어. 미생물 무기로 엄청나게 나쁜 짓을 하기 전에 우리가 먼저 막아야 해."

우람이는 솔비가 그동안 알아낸 미생물 무기 이야기를 듣고는 '헉' 하고 놀랐어.

"야! 무서워서 난 안 할래. 만약 광 박사님이 그렇게 나쁜 사람이라면 자기 일을 막으려는 우리를 가만두겠어?"

"어휴! 그러니까 몰래 알아봐야지. 하루 빨리 단서를 찾을 좋은 생각이 없을까?"

그때 코코가 우람이네 음식물 쓰레기통에 코를 박고 킁킁거리고 있었어.

"쓰레기통! 광 박사의 쓰레기통을 뒤지는 거야."

솔비는 날마다 우람이와 함께 광 박사 집 앞에 있는 쓰레기통을 몰래몰래 뒤졌어. 하루, 이틀 아무리 쓰레기통을 뒤져도 별다른 단서가 될 만한 것이 없었어. 코 푼 휴지, 구멍 난 양말, 마른 귤 껍질 같은 것뿐이었지.

"솔비야! 우리가 거지도 아니고, 이제 그만하자."

"끈기를 가지고 좀 참고 해 봐. 그렇게 쉽게 포기하면 뭘 할 수 있겠어?"

솔비는 우람이를 타일렀어.

"너희 쓰레기통 옆에 앉아서 뭐 해?"

그때 한가해 조수가 재활용 종이 한 꾸러미를 들고 밖으로 나와 솔비와 우람이한테 말했어.

"아, 그냥, 숨바꼭질하고 있어요. 헤헤!"

솔비가 말을 돌렸지.

"그래? 날씨가 참 좋네."

한가해 조수는 쓰레기통 옆에 종이 꾸러미를 내려놓고 들어갔어.

"이거다!"

솔비는 종이 꾸러미를 통째로 들고 집으로 왔어. 우람이도 코코를 데리고 따라갔지.

솔비는 복잡한 기호가 적힌 종이는 모두 넘겨 버렸어. 영어로 쓰여진 것도, 또 한문으로 쓰여진 것도 모두 골라냈어.

"와! 찾았다."

솔비는 문서 한 장을 들고 소리쳤어.

"뭔데? 뭐라고 쓰여 있는데?"

우람이가 기웃거렸어.

나는 오늘 '죽음의 잠수함'이라는 미생물 무기를 완성했다.
이제 그한테 전해 훨씬 더 많이 만들게 할것이다.
오늘 나는 이곳을 떠나 필리핀에 있는 무인도로 간다.
그곳에서 숨어 지내며 그한테서 연락이 오기를 기다리기만 하면 된다.
내가 만든 '죽음의 잠수함'은 세계를 위협할 것이고, 나는 세계에서 가장
막강한 힘을 손에 넣을 것이다.

"와! 솔비야, 네 말이 진짜구나. 우리가 이 일을 세상에 알리면 우리는 용감한 시민상을 탈 거야. 용감한 시민상을 타면 상금도 줄까? 어쩌면 세계를 미생물 무기의 위협에서 구해 냈으니까. 우린 노벨 평화상을 받을지도 몰라."

우람이는 벌써 노벨상을 탄 것처럼 흥분했어.

"빨리 경찰서로 가자."

솔비와 우람이는 곧바로 경찰서로 달렸어. 코코는 산책이라도 하는 줄 알고 솔비를 따라 신 나게 달렸어. 솔비의 손에는 광 박사의 두 번째 비밀 문서가 꼭 쥐어져 있었지.

질병을 일으키는
미생물

인류를 구하려고 빗속을 달리다!

갑자기 굵은 빗방울이 떨어졌어. 하지만 솔비와 우람이, 코코는 뛰고 또 뛰었지. 비에 흠뻑 젖어 가며 경찰서에 다다랐어.

"에취!"

솔비는 오들오들 떨며 재채기를 했어. 코코는 털을 탈탈탈 털었고, 우람이는 헥헥 숨을 몰아쉬었어. 솔비는 얼굴에 흐르는 빗방울만 닦아 내고 전에 만났던 젊은 경찰 아저씨한테 다가갔어.

"경찰 아저씨!"

솔비가 불렀지만 경찰서 안이 워낙 시끄러워서 경찰 아저씨는 못 들었어. 젊은 경찰 아저씨는 잡혀 온 아저씨 둘 사이에서 곤란한 얼굴을 하고 있었어.

"아저씨! 단서를 가지고 왔어요. 미생물 무기를 만들고 있다는 단서, 죽음의 잠수함 이야기 말이에요."

솔비가 큰 소리로 말했지만 다른 아저씨들의 목소리가 워낙 커서 경찰 아저씨는 못 들었나 봐.

"그러니까, 누가 먼저 밀쳤다는 거예요?"

경찰 아저씨는 잡혀 온 아저씨들 말을 듣느라 정신이 없어 보였어.

"아이참! 정말 이해 못하시네. 그러니까 어묵 꼬치를 먹고 있는데 이 사람이 밀치고 들어왔다니까요. 저는 가만히 있었는데 이 사람이 나를 먼저 쳤다고요!"

"아니에요. 난 그냥 살짝 옆에 가서 섰는데 이 사람이 먼저 시비를 걸었어요. 난 그냥 어묵만 먹고 있었을 뿐이에요!"

한 아저씨는 눈이 빨갛게 부어 있었고, 다른 한 아저씨는 볼이 긁혀서 핏자국이 나 있었어.

"경찰 아저씨! 이건 정말 급한 일이에요. 지금 어묵 꼬치가 문제가 아니라니까요."

솔비가 경찰 아저씨한테 소리쳤어.

"모두 조용!"

참다 못한 경찰 아저씨가 버럭 소리를 질렀어.

"한 사람씩 말해요. 한 사람씩!"

경찰 아저씨의 말에 솔비가 손을 번쩍 들었어.

"저부터 이야기 할게요! 제가 먼저 손 들었잖아요."

그러자 경찰 아저씨가 한숨을 푹 쉬었어.

"얘야! 지금 바쁜 거 안 보여? 장난을 하려거든 놀이터에 가서 너희끼리 하렴."

경찰 아저씨는 두 아저씨를 책상 앞에 앉혀 놓고 다시 이것저것 상황을 물어봤어.

"아휴! 정말 급한 일인데……."

솔비는 마음이 급했어.

"경찰 아저씨가 바쁘니까 우리가 그냥 조금 기다리자."

약간 겁을 먹은 우람이가 솔비의 옷깃을 당겼어.

"그래."

솔비는 할 수 없이 옥신각신 싸우고 있는 두 아저씨가 갈 때까지 기다리기로 마음먹었어.

"아저씨들 일이 끝나면 제 이야기도 들어 주셔야 해요!"

"그래, 알았어!"

솔비는 경찰 아저씨한테 다짐을 받고서야 구석에 있는 의자에 앉았어. 솔비의 심장은 쿵쾅쿵쾅 뛰고 있었고, 온몸은 바들바들 떨려 왔어. 솔비는 한숨을 내쉬고는 경찰서 안을 둘러봤어. 별다른 장식이 없는 깨끗한 곳이었지.

솔비가 앉아 있는 의자 맞은편에는 자그마한 텔레비전이 걸려 있었어. 텔레비전에서는 책을 소개하는 프로그램을 하고 있었어. 눈이 유난히 동그랗고 큰 여자 진행자가 약간 꾸민 듯한 목소리로 말하고 있었지.

"오늘 소개해 드릴 두 번째 책은 '죽음의 잠수함'이에요. 제목에서부터 묵직한 느낌이 느껴지는데요, 죽음의 잠수함을 지은 '광팔수' 박사님이 나오셨습니다."

"으앗!"

솔비는 깜짝 놀라 자기도 모르게 소리쳤어. 지금쯤이면 필리핀

어느 섬에 도망가 있어야 할 광 박사가 버젓이 텔레비전에 나오고 있으니 얼마나 놀랐겠어.

"안녕하세요!"

광 박사는 너그럽고 인자한 얼굴로 인사했어. 진행자와 광 박사는 책 이야기를 주고받았어.

"박사님의 책이 나오자마자 불티나게 팔리고 있다고 들었어요. 저도 읽어 봤는데 정말 재미있던데요!"

"제 소원이 미생물을 다룬 소설을 쓰는 것이었거든요. 미생물을 잘못된 생각으로 다루어 미생물 무기를 만들면 얼마나 위험한지, 미생물의 힘이 얼마나 대단한지도 이야기하고 싶었어요. 이제야 그 소원을 이뤘네요."

"그동안 왜 소설 쓰시는 걸 비밀로 하셨어요? 출판 관계자 빼고는 아무도 몰랐다고 하던데요?"

"저와 함께 연구를 하고 있는 한가해 조수한테도 비밀로 했어요. 제 실험실 한쪽에 비밀 실험실을 만들어서 남들 몰래 소설을 썼어요. 한가해 조수는 제가 슈퍼 박테리아를 연구하는 줄 알고 있었지요. 제 마음에 드는 소설을 다 쓰면 그때 밝히고 싶었어요. 제가 소설을 잘 쓸 수 있을지 자신이 없었거든요."

솔비는 조금 전까지만 해도 두근두근, 쿵쾅쿵쾅 뛰고 있던 심장이 산산이 조각나서 부서질 것만 같았어.

"뭐야! 죽음의 잠수함이 소설 제목이었다고? 광 박사님은 소설을

쓰고 계셨던 거잖아. 솔비 너 때문에 괜히 비만 쫄딱 맞고 죄 없는 광 박사님만 나쁘게 생각했잖아."

우람이는 솔비한테 투덜거렸어.

"얘들아! 이제 이리 와 봐. 오늘은 또 무슨 일이야? 누가 무슨 음모를 꾸미고 있다고?"

경찰이 솔비를 불렀어.

"아, 아무것도 아니에요!"

솔비는 우람이와 코코를 데리고 서둘러 경찰서 밖으로 나왔어.

"에취!"

솔비와 우람이는 동시에 크게 재채기를 했어. 비는 여전히 주룩주룩 내리고 있었어.

"이러다 감기 걸리겠다!"

우람이는 어깨를 부르르 떨며 말했어.

"미안해, 우람아!"

솔비는 비 오는 길을 우산도 없이 터덜터덜 걸으며 힘없이 말했어.

"괜찮아! 그래도 재미있었어. 네 못 말리는 호기심과 엉뚱한 상상력 덕분에 미생물을 많이 알게 됐으니까."

우람이는 어른스럽게 말했어.

"얘들아! 같이 가자."

뒤에서 한가해 언니가 한 손에는 커다란 우산을 들고, 한 손에는 짐을 잔뜩 들고 뛰어왔어.

"우산도 없이 이렇게 비를 맞고 다니다 감기에 걸리면 어쩌려고 그래?"

한가해 언니는 솔비와 우람이한테 우산을 씌워 주었어.

"이미 감기에 걸린 것 같아요. 에취!"

솔비는 한가해 언니 얼굴에 대고 재채기를 했어.

"윽! 감기 환자의 침이 내 얼굴에 다 튀었네. 솔비, 나한테 감기 바이러스를 옮기려는 음모를 꾸미고 일부러 그런 거 아니야?"

한가해 조수는 장난스럽게 솔비를 흘겨보았어.

"아니에요! 음모는 무슨……."

솔비는 고개를 절레절레 흔들었어.

"농담이야!"

한가해 조수는 비에 흠뻑 젖은 솔비의 어깨를 따뜻하게 감싸 줬어. 우람이는 한가해 조수가 들고 있던 짐을 받아 들고 물었어.

"감기도 바이러스로 옮는 거구나!"

"그럼! 아무리 추워도 감기 바이러스가 몸속에 안 들어오면 감기에 안 걸려. 남극에 있는 세종 과학기지에 있는 사람들은 감기에 안 걸린 다잖아. 우리를 감기에 걸리게 하는 바이러스는 이백 가지가 있어. 감기 바이러스는 우리 둘레에 있다가 코나 입, 목구멍으로 들어와. 면역력이 강해 건강한 사람은 감기 바이러스가 들어와도 잘 이겨 내지만, 면역력이 약한 사람은 바로 감기에 걸리지."

"맞아요! 저는 튼튼해서 감기에 잘 안 걸려요!"

우람이는 두 팔을 들어 올려 두 손을 불끈 쥐었어.

"그래, 하지만 건강했던 사람들도 피곤하거나 몸이 약해지면 면역력이 떨어져. 그러면 바이러스를 못 이겨 감기에 걸리지. 게다가 면역력이 약한 아이나 나이 든 사람한테는 감기 바이러스 하나로도 무서운 병에 걸릴 수 있어."

"감기에 걸린 사람 앞에서 그런 무서운 소리를 하다니! 약 먹으면 괜찮을 거야. 뭐, 그런 위로의 말을 해야 하는 것 아니에요?"

솔비가 볼을 부풀렸어.

"미안! 하지만 우리 솔비는 건강하니까 감기도 잘 이겨 낼 거야. 우리가 감기에 걸렸을 때 먹는 약은 기침, 가래, 콧물, 두통, 발열과 같은 증상들을 약하게 해 주는 것들이야. 감기에는 치료약이 없어. 그러니까 너무 약만 믿는 것보다는 푹 자고, 푹 쉬면서 좋은 음식을 먹어서 몸의 면역력을 높여 감기 바이러스를 쫓아내는 게 가장 중요해."

한가해 언니가 말했어.

"아! 그동안 괜한 고민을 하느라고 잠을 제대로 못 잤더니 면역력이 떨어졌나 봐요."

솔비는 자기 이마를 짚어 보며 말했어.

"근데요, 독감은 뭐예요? 늘 겨울이 되기 전에 엄마랑 독감 예방접종을 하러 가거든요."

우람이가 말했어.

"독감은 일반 감기 증상이랑 비슷해. 감기를 일으키는 수많은 바이러스 가운데 인플루엔자 바이러스가 일으킨 감기를 '독감'이라고 해. 독감에 걸리면 고열과 몸살에 시달려 보통 감기보다 더 고생을 하게 돼. 하지만 독감은 일반 감기와 달리 예방 백신이 있어. 면역력이 약한 아이와 나이 든 사람은 꼭 독감 예방 백신을 맞는 게 좋아.

독감 백신을 맞은 다음 4주가 지나야 효과를 볼 수 있으니까 독감 바이러스가 유행하기 전, 가을에 맞는 것이 가장 좋아. 인플루엔자는 해마다 변신을 하는 변신의 귀재야. 그래서 독감 예방 백신도 바이러스에 맞춰 2년마다 새로운 것으로 바뀌지."

솔비는 재채기를 하려는 듯이 코를 벌름거리며 숨을 가쁘게 들이마셨어. 우람이는 솔비의 감기 바이러스에 옮을까 봐 옆으로 물러서며 물었어.

"감기 바이러스는 공기를 통해서 옮아요?"

"에취!"

솔비는 우람이를 향해 재채기를 했어.

"야!"

우람이가 투덜거렸어.

"미안!"

"사람들은 감기가 공기를 통해서 옮는 걸로 알고 있는데, 사실은 손을 통해서 옮는 일이 가장 많아. 손에 묻어 있던 바이러스가 코나 입에 닿아 옮겨 가지. 그러니까 손 씻기 싫어하는 우람이도 오늘 집에 가면 꼭 손을 씻어야 한단다."

"네! 꼭 씻을 거예요."

우람이는 씩씩하게 대답했어.

"솔비는 따뜻한 물과 비타민 C가 많이 들어 있는 음식을 먹어. 물은 나쁜 미생물과 노폐물을 우리 몸 밖으로 내보내는 일을 하고, 비타민 C는 피로를 푸는 데 좋으니까."

"네!"

솔비는 기운이 없는지 어울리지 않게 얌전히 대답했지.

어느새 솔비네 집 앞에 도착했어. 거기서 모두들 인사를 하고 헤어졌어. 솔비는 집에 들어와 옷을 갈아 입고 따뜻한 물에 샤워를 했어. 엄마가 타 준 유자차를 맛있게 먹고 일찌감치 침대에 누웠지.

"아! 마음이 텅 빈 것 같아. 그동안 난 뭘 한 거야?"

솔비는 천장을 보며 생각했어.

"오늘은 아무 생각하지 말고 쉬자! 나한테 가장 중요한 건 내 건강이니까!"

솔비는 금세 잠들었어.

질병을 일으키는 미생물!

위염을 일으키는 '헬리코박터 파이로리'

강력한 산성을 띠는 위장 속에서도 살아남는 미생물이 있어. 바로 '헬리코박터 파이로리' 지. 줄여서 헬리코박터라고도 해. 헬리코박터는 나선 모양에 꼬리와 비슷한 편모라는 운동 기관이 대여섯 개 달려 있어. 이 편모로 액체 속에서도 자유롭게 움직이지.

헬리코박터는 주로 사람들의 입에서 입으로 전해져. 헬리코박터는 생명력이 강해서 세계 인구의 절반이, 우리나라 인구의 75%가 이미 헬리코박터에 감염되어 있어. 우리나라는 여럿이 함께 찌개를 떠먹기 때문에 다른 나라 사람보다 헬리코박터가 더 많대. 위나 십이지장에 헬리코박터가 있는 사람은 위염, 빈혈, 입덧, 위암에 걸릴 확률이 높아.

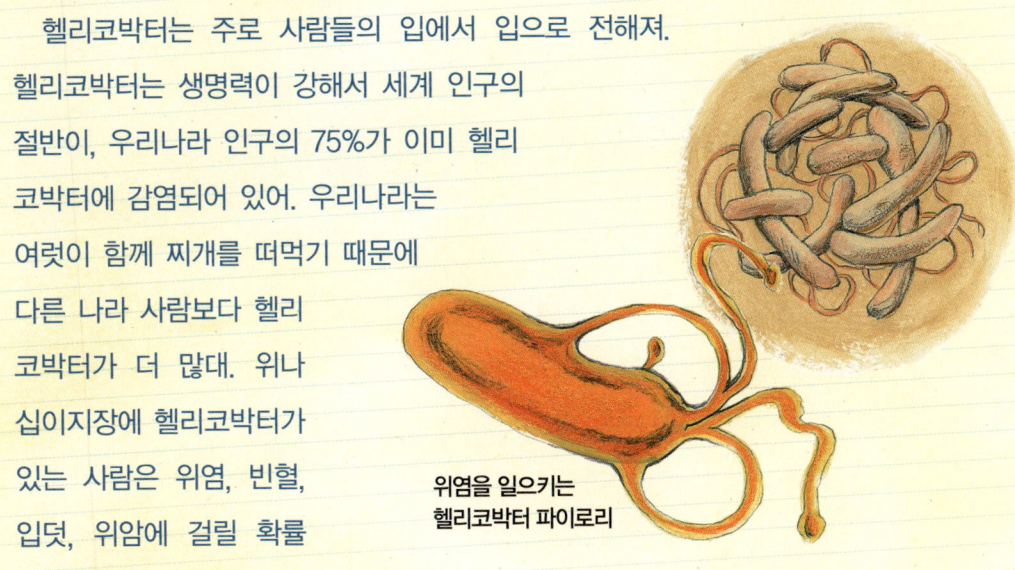

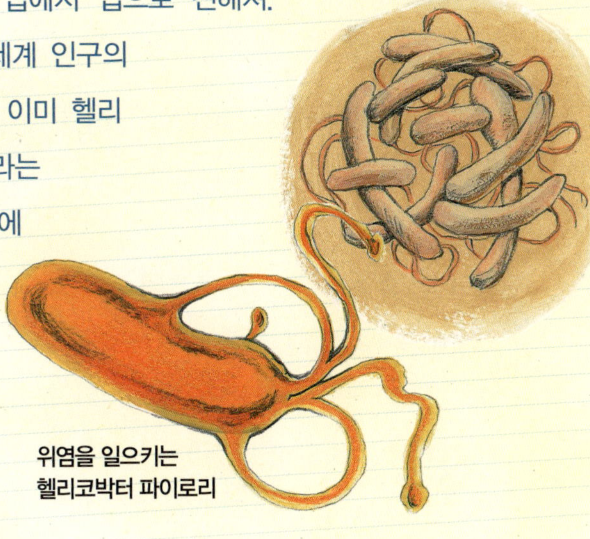

위염을 일으키는
헬리코박터 파이로리

결핵을 일으키는 '미코박테리움 투베르쿨로시스'

미코박테리움 투베르쿨로시스라는 균은 결핵을 일으키는 균이야. 결핵은 우리나라 10대 사망 질환 가운데 하나지. 이러한 결핵균은 우리 둘레에 널려 있어. 하지만 결핵균에 감염되었다고 해서 모두 결핵 환자가 되는 것은 아니

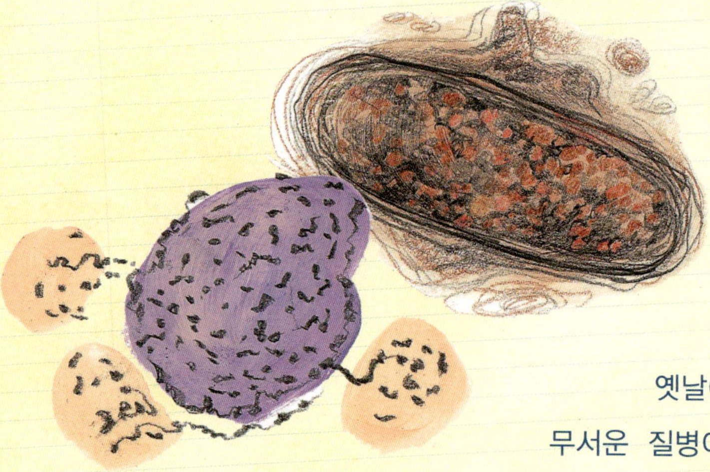

결핵을 일으키는
미코박테리움 투베르큘로시스

야. 결핵균에 감염된 사람들 가운데 면역력이 약한 10퍼센트쯤이 결핵 환자가 되지.

옛날에는 결핵이 무척 무서운 질병이었지만 항생제가 생기고 나서는 깨끗하게 고칠 수 있을 때가 많아. 하지만 항생제에 내성이 생긴 새로운 결핵균이 나타나 사람의 생명을 위협하고 있어.

결핵의 대표 증상은 기침이야. 피로하고, 몸에 열이 나고, 체중이 빠르게 줄기도 하지. 기침이 3주 넘게 이어지면 꼭 병원에 가서 검사를 받아 봐야 해.

에이즈를 일으키는 '인체 면역 결핍 바이러스'

전 세계 사람들을 공포에 떨게 하는 에이즈는 인체 면역 결핍 바이러스에 의한 것이야. 이 바이러스는 침팬지와 검댕 원숭이한테서 전해졌어. 인체 면역 결핍 바이러스는 사람 몸의 특징에 따라 놀랍게 변신해. 돌연변이가 많이 생기는 특징이 있거든. 그래서 지역마다 바이러스의 종류가 다르기도 해. 새로운 인체 면역 결핍 바이러스가 나타날 때마다 그에 맞는 백신을 개발해야 해서 치료하기가 어려워. 치료약이 있지만 바이러스가 느는 걸 억제할 뿐이야. 그래서 에이즈는 예방이 가장 중요해.

에이즈에 걸리면 면역력이 빠르게 떨어져. 그래서 다른 병균이 몸에 들어오면 면역력이 없기 때문에 병균에 저항하지 못해. 에이즈 환자들은 에이즈 때문에 죽는 것이 아니라, 새롭게 감염된 병균들 때문에 목숨을 잃어. 건강한 사람이라면 아무런 문제없이 이겨 낼 수 있는 병균들인데 말이야. 면역력이 없어진다는 것은 그만큼 위험해.

에이즈는 에이즈 감염자와 단순한 접촉으로는 전염되지 않아. 감염자와 성관계를 맺거나 피를 수혈 받았을 때 옮겨지거든.

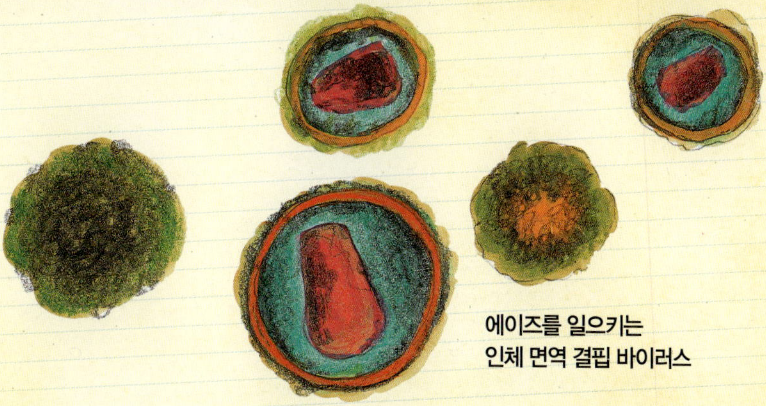

에이즈를 일으키는
인체 면역 결핍 바이러스

항생제와 백신

꿈을 되찾은 솔비

솔비는 감기에 걸려 며칠을 앓았어. 덕분에 학교도 못 가고, 침대에서 밥을 먹는 호강도 누렸지. 솔비는 열이 오르락내리락하는 동안 마음도 오르락내리락했어. 그러면서 솔비의 마음이 쑥쑥 자란 것 같았어. 일요일 아침 늦게까지 잠을 자고 일어난 솔비는 몸이 한결 개운했어.

"으아!"

기지개도 늘어지게 폈지. 이마를 짚어 보니까 열도 내렸어. 솔비는 창문을 활짝 열고 맑은 공기를 흠뻑 들이마시니까 기분까지 상쾌했어. 건강이 좋아져서 이제 나쁜 세균이나 바이러스들도 얼마든지 이겨 낼 수 있을 것 같았지. 광 박사님을 보는 게 여전히 죄송하고 부끄럽기는 했지만, 이제 그런 부끄러움을 이겨 낼 수 있을 만큼 마음도 튼튼해졌지.

"광 박사님을 악당으로 오해하다니……."

솔비는 그동안 자신이 광 박사님의 미생물 무기 음모를 캐기 위해서 했던 일들이 생각나서 웃음이 났어. 경찰서까지 찾아갔던 것을 생각하니 쥐구멍에라도 들어가고 싶었지. 솔비는 저금통을 털어서 책방으로 갔어.

"'죽음의 잠수함' 있어요?"

책방 직원한테 물었어.

"네가 읽기에는 아직 어려울 텐데? 어려운 미생물 용어들도 많이 나오고……."

책방 직원은 책을 찾아 건네주면서 말했어.

"저도 미생물을 잘 알아요. 광 박사님이 우리 옆집에 사는데, 저랑 아주아주 친해요."

솔비는 쓸데없는 자랑을 늘어놓았어.

"그래?"

책방 직원은 별 관심 없다는 듯이 대답했지. 솔비는 계산을 한 뒤에 책을 받아 들고 나왔어. 책 표지에 신비한 미생물 사진이 있었어. 솔비는 책을 후르륵 넘겨 보았어. 그림이라고는 하나도 없는 두꺼운 소설책이었어.

솔비는 책을 들고 광 박사의 실험실을 찾아갔어. 마침 광 박사와 한가해 조수가 대청소를 하고 있었어.

"박사님, 사인해 주세요."

솔비는 책을 쑥 내밀었어.

"하하하! 내 첫 번째 꼬마 독자구나!"

광 박사는 부끄러운지 얼굴을 붉히며 책을 펼쳐 멋지게 사인을 해 줬어.

"박사님, 죄송해요!"

솔비가 말했어.

"뭐가?"

광 박사는 바닥을 쓸며 물었어.

"그냥요. 그냥 그런 게 있어요."

솔비는 부끄러워서 차마 말을 할 수가 없었어.

"그런데 또 소설책 쓰실 거예요?"

솔비가 말을 돌렸지.

"아니. 나는 소설을 쓸 때보다 항생제랑 백신을 연구할 때가 더 행복한 것 같아. 다시 항생제와 백신 연구에 몰두할 생각이야."

"항생제는 박사님이 처음 만든 거예요?"

솔비가 청소를 도우며 물었어.

"아니야. 영국의 미생물 학자인 알렉산더 플레밍이 이미 1928년에 페니실린이라는 아주 중요한 항생제를 발견했어. 그때부터 페니실린으로 수많은 세균에 저항해서 싸울 수 있었지. 페니실린은 수많은 사람들의 목숨을 구했어. 페니실린은 박테리아가 보호막을 만드는 것을 막아서 번식하지 못하고 죽게 만들어. 페니실린을 발견한 뒤 항생제 연구는 더욱 활발해졌고 더 많은 항생제가 만들어졌어. 항생제는 사람들이 질병을 이겨 내는 데 큰

도움을 주었어. 하지만 결핵이나 슈퍼 박테리아처럼 항생제에 내성이 생긴 세균들이 자꾸 나타나고 있어 걱정이야."

페니실린은 박테리아가
보호막을 만드는 것을
막아서 번식하지 못하고
죽게 만들어.

솔비는 광 박사가 예전처럼 존경스러웠어. 미생물 무기에 신경 쓰느라 잠시 잊고 있던, '미생물 박사가 되어서 백신을 만들겠다.'는 꿈이 다시 생각났지.

"그런데 백신은 항생제랑 어떻게 달라요?"

솔비는 진지하게 물었어. 미래의 미생물 학자로서 말이야.

"항생제가 세균을 억제해 준다면, 백신은 면역력을 키워서 바이러스가 우리 몸에 들어왔을 때 싸울 수 있게 해 줘. 백신을 처음 만들어 낸 사람은 '제너'야. 제너는 소의 질병인 우두에 전염된 사람은 천연두에 안 걸린다는 것을 알게 됐어. 그래서 소의 고름을 사람한테 침투시켜서 천연두를 예방하는 방법을 생각해 냈지.

제너 덕분에 세계를 죽음의 공포로 떨게 했던 천연두는 지구에서 사라졌어. 제너가 천연두 백신을 개발한 뒤로 다른 많은 백신들도 개발되었단다.

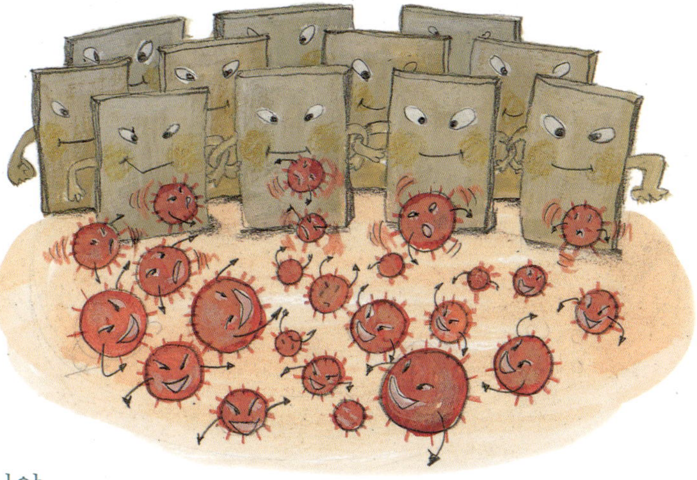

백신은 나쁜 미생물과 싸워 이길 수 있는 항체를 만들어 줘.

백신은 치료제가 아니야. 백신은 나쁜 미생물과 대항해서 싸울 수 있는 항체를 만들어 주는 거지."

광 박사는 잠시 청소를 하던 것을 멈추고 허리를 펴며 말했어.

"하지만 쉴 새 없이 돌연변이를 만들어서 모습을 바꾸는 에이즈, 사스, 조류 독감과 같은 바이러스들은 아직 백신을 개발하지 못했어. 하지만 많은 학자들이 열심히 연구하고 있으니까 백신이 만들어질 날도 멀지 않았어."

한가해 조수가 먼지를 털며 말했어.

"미생물은 눈에 안 보이니까 꼭 손에 잡을 수 없는 밤하늘의 별처럼 멀게 느껴져요."

솔비가 아쉽다는 듯이 말했어.

"우리 솔비가 청소를 도와줬으니까 내가 선물 하나를 줘야겠네!"

광 박사가 말했어.

"선물이요?"

솔비는 선물이라는 말에 눈이 번쩍 뜨였어.

"이리 와 보렴!"

광 박사는 솔비를 데리고 전자 현미경이 있는 곳으로 갔어.

"뭘 주시려는 걸까?"

한가해 조수도 따라가 봤지.

"자, 한번 보렴!"

광 박사는 전자 현미경을 조절하더니 솔비한테 자리를 비켜 주었어.

"와! 꼬물꼬물 움직이고 있는 게 정말 신기해요."

솔비는 소리쳤어.

"그게 우리 위 속에 흔히 살고 있는 헬리코박터 파이로리란다!"

광 박사가 환하게 웃으며 말했어.

"에이, 시시해. 무슨 선물이 그래요?"

미생물을 날마다 보는 한가해 조수는 입을 쭉 내밀고는 가 버렸어. 하지만 나노미터라는 낯선 단위를 쓰는 작은 미생물을 본 솔비는 가슴이 두근거렸어. 하늘을 날아오르는 상상 속의 동물을 본 기분이었지. 솔비는 한참 동안이나 전자 현미경을 들여다보다가 집으로 돌아왔어.

일기장에 좀 전에 본 헬리코박터 파이로리를 그려 봤어. 꼭 훌륭한 미생물 학자가 되겠다는 다짐도 함께 말이야.

쉽게 풀어 쓴

미생물 용어

곰팡이 33, 34쪽

곰팡이는 우리 둘레에서 쉽게 볼 수 있는 미생물이야. 오래된 식빵이나 습한 벽지에서 피어나는 것들이 곰팡이 무리니까. 곰팡이는 균류 가운데서도 진균류에 속하는 미생물이야. 몸통이 실처럼 가늘고 긴 모양의 균사로 되어 있는 사상균을 뜻하지.

곰팡이는 포자를 퍼트려서 번식을 하는데, 포자는 식물의 씨앗 같은 거야. 곰팡이의 아주 작은 포자는 물이나 공기를 타고 멀리까지 갈 수 있어. 떠돌아다니던 포자가 음식, 동물, 식물 같은 영양분을 얻을 수 있는 물체에 붙으면 그때부터 번식을 해.

면역력 91, 92쪽

바깥에서 들어온 질병을 일으키는 병균에 저항하는 힘을 면역력이라고 해. 면역력이 약한가 센가에 따라 질병에 걸리기도 하고, 안 걸리기도 하지. 겨울이 되면 걸리기 쉬운 감기 바이러스는 우리 둘레에 있다가 코나 입, 목구멍으로 들어와. 이때 면역력이 세서 건강한 사람은 감기 바이러스가 들어와도 잘 이겨 내지만 면역력이 약한 사람은 바로 감기에 걸려. 면역력을 높이려면 꾸준히 운동을 하고, 몸에 좋은 음식을 골고루 먹는 게 좋아.

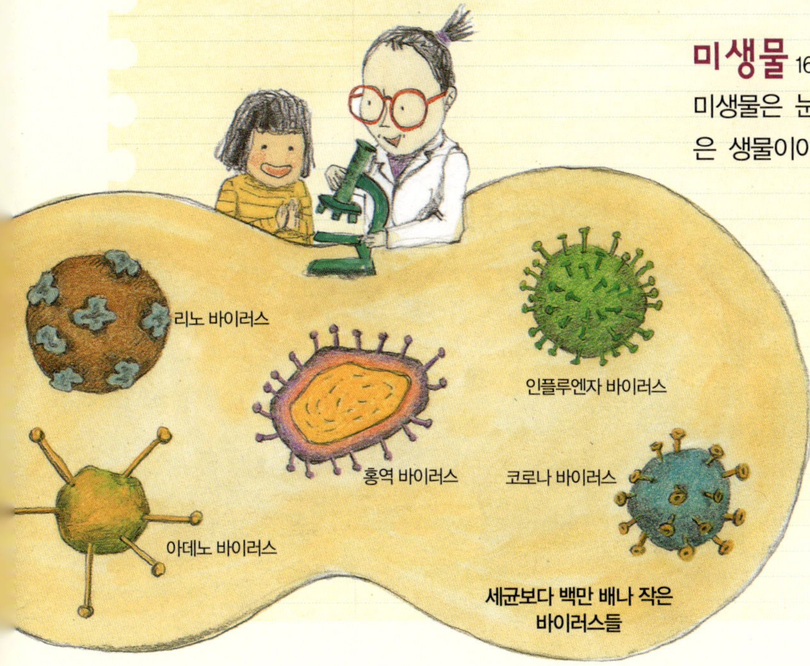

세균보다 백만 배나 작은 바이러스들

미생물 16, 55, 58, 59, 95, 96, 97쪽

미생물은 눈으로 볼 수 없는 아주 작은 생물이야. 0.1밀리미터가 채 안 되는 것들이 거의 다여서 사람의 눈만으로는 볼 수 없어. 곰팡이, 박테리아, 바이러스 같은 것들이 미생물에 속해. 미생물은 보통 세포가 하나뿐이거나 균사로 되어 있어. 생물 가운데 가장 기본적인 구조로 되어 있다고 볼 수 있지.
미생물은 우리 눈에는 안 보이지만, 우리가 들이마시는 공기 가운데에도 엄청나게 많은 미생물이 들어 있어. 작은 숟가락 하나만큼의 흙 속에도 미생물들이 수십억 마리쯤 살고 있어.

바이러스 23, 24, 25, 26쪽

바이러스는 전자 현미경으로 보아야 보일 만큼 아주 작아. 바이러스는 크기가 20나노미터에서 200나노미터밖에 안 돼. 나노미터(nm)는 백만 분의 1밀리미터야. 바이러스의 구조는 간단해. 유전 정보를 담은 핵산이 있고, 핵산을 감싸고 있는 단백질 껍질로 되어 있지. 특이한 점은 혼자서는 번식을 할 수 없다는 거야. 다른 생명체의 세포 속에 침입해야 비로소 번식 활동을 할 수가 있어.

바이러스와 머리카락의 크기

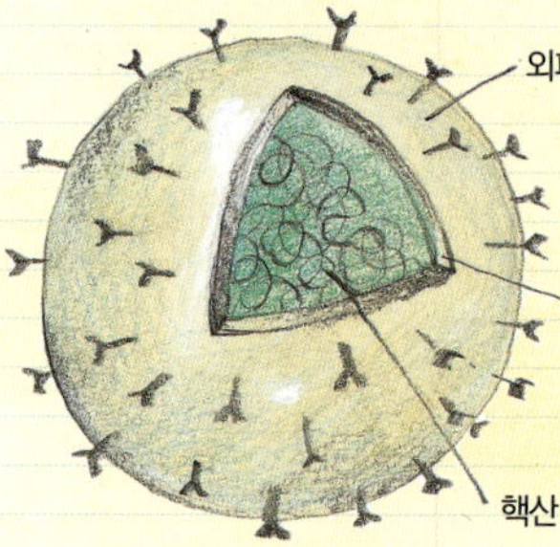

바이러스는 자신의 유전 정보를 담고 있는 핵산,
핵산을 싸고 있는 단백질 껍질로 되어 있어.

세포는 동물이나 식물 같은 생물을 이루는 아주 작은 알갱이야. 바이러스는 다른 미생물처럼 세포로 되어 있지 않아. 대신 다른 생명체의 세포를 자기 집처럼 쓰지. 세포 속에 침입한 바이러스는 복제를 되풀이해서 많은 바이러스를 만들어. 그러면 바이러스로 가득 찬 세포는 터져 버리고, 세포 밖으로 나온 수많은 바이러스들이 다른 세포로 침투해. 그렇게 해서 생명체의 몸에서 아주 빠르게 번져 나가지.

박테리아 45, 46, 47, 48, 49쪽

곰팡이는 균이라고 하고, 박테리아는 세균이라고 해. 그건 박테리아가 곰팡이보다 더 작은 생물이기 때문이야. 세균은 세포가 하나뿐이야. 게다가 유전자를 감싸는 막이 없는 원시 생물이야. 지구가 생길 때부터 터를 잡고 살아온 생물이기도 하

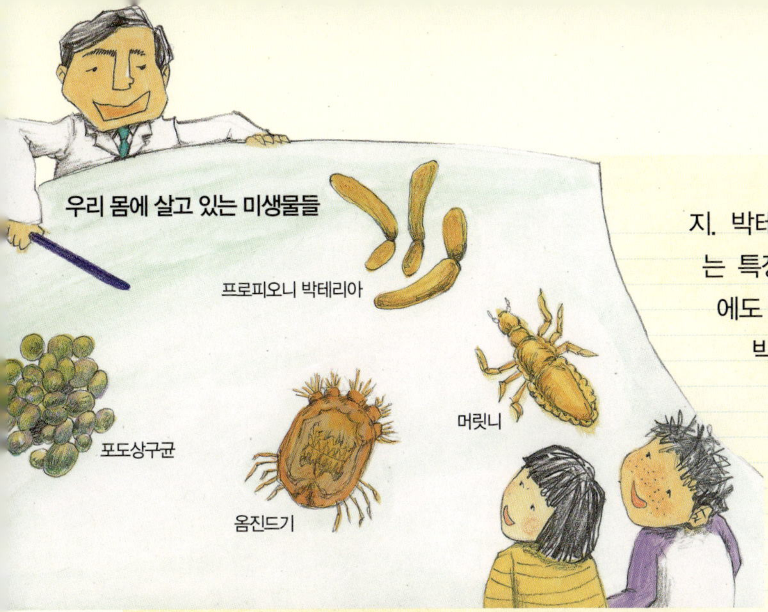

지. 박테리아는 유전자가 쉽게 바뀌는 특징이 있어. 그래서 어떤 환경에도 잘 적응하고 살아남아.

박테리아는 종류만 해도 아주 다양해. 사람의 입안에도 수백 종이 넘는 박테리아가 살고 있어. 박테리아는 저마다 좋아하는 먹이가 따로 있어. 설탕을 좋아하는 박테리아, 동물의 단백질을 좋아하는 박테리아, 비누를 좋아하는 박테리아 같은 것들 말이야.

우리 몸에는 박테리아와 곰팡이 같은 눈에 안 보일 만큼 아주 작은 생물들이 살고 있어. 포도상구균, 미크로코쿠스, 코리네 박테리아는 피부에 사는 박테리아고, 프로피오니 박테리아는 얼굴에 살고 있지.

박테리아가 우리 몸에 살고 있기만 해도 우리한테는 좋은 일이 일어나. 이로운 박테리아가 우리 몸에 많이 살면 해로운 병균이 비집고 들어올 틈이 없어지기 때문이야.

발효 63, 64, 65, 69, 70, 71쪽

미생물은 섭취하고 남은 물질을 몸 밖으로 내보내. 이러한 미생물들의 대사 활동으로 유기 물질들이 분해가 되지. 미생물의 대사 활동 가운데 사람들한테 좋으면 발효라고 하고, 해로우면 부패라고 해.

발효와 부패를 만드는 세균은 종류가 달라. 부패균이 활동을 하면 악취가 나지. 그건 부패균들이 활동을 해서 악취가 나는 아민이나 황화수소를 만들어 내기 때문이야. 이 과정을 부패라고 해. 배추를 그냥 두면 부패하지만 소금에 절이면 부패균이 작용을 못해 부패하지 않아. 그것을 그릇에 담아 온도를 맞춰 보관하면 발효균이 작용을 해서 맛있는 김치가 되는 거야.

발효균 가운데 가장 오래된 것은 알코올 발효균들이야. 포도주를 만들 때 쓰는 포도주 효모균과 맥주를 만들 때 쓰는 맥주 효모균 같은 게 알코올 발효균이지. 또 발효균이 작용한 것들에는 우리 전통 발효 음식인 된장, 청국장, 젓갈, 김치가 있어. 요구르트, 치즈, 빵도 발효 음식이야.

백신 103쪽

질병의 감염을 미리 막으려고 사람이나 동물의 몸에 넣는 물질을 백신이라고 해. 백신은 면역력을 키워서 바이러스가 우리 몸에 들어왔을 때 싸울 수 있게 해 줘. 백신을 처음 만들어 낸 사람은 '제너'야. 제너는 소가 걸리는 천연두인 우두에 전염된 사람은 천연두에 안 걸린다는 것을 알게 됐어. 그래서 소의 고름을 사람한테 집어넣어서 천연두를 예방하는 방법을 생각해 냈지.

백신은 치료제가 아니야. 백신은 질병을 일으키는 미생물이 몸속에 침입했을 때 맞서 싸우는 면역력을 높여 주는 물질이지.

생물 15쪽

주전자와 강아지는 어떻게 다를까? 주전자는 생명이 없는 무생물이고, 강아지는 생명이 있는 생물이야. 생물은 자기와 비슷한 유전자를 지닌 자식을 만들 수 있어. 그리고 외부에서 에너지를 얻어서 살아가지. 음식을 먹고, 자식을 낳아 기르는 사람도, 햇빛과 물로 자라서 씨앗으로 번식하는 식물도 모두 생물이지.

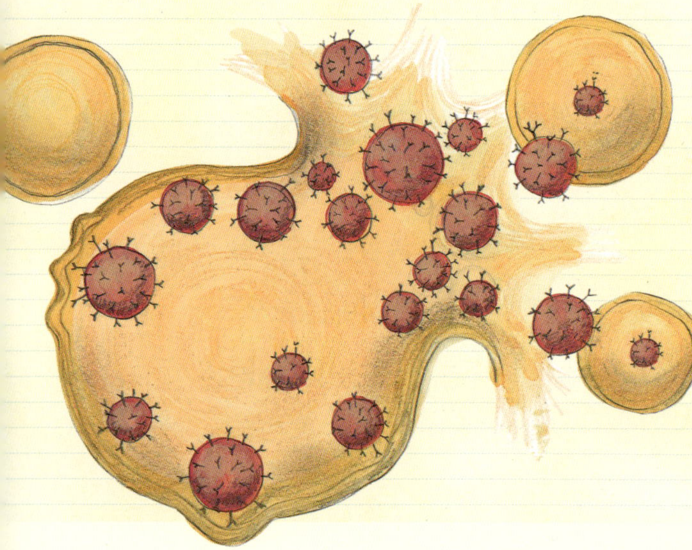

세포 25쪽

세포는 동물이나 식물 같은 생물을 이루는 아주 작은 알갱이야. 세포는 생물의 기능으로나, 구조로나 가장 기본이 되는 단위지.

세포 속에 침입한 바이러스가 자기 복제를 해서 많은 바이러스를 만들어 내. 그러면 바이러스로 가득 찬 세포는 터지고 세포 밖으로 나온 수많은 바이러스들은 다시 다른 세포로 침투하는 거야. 엄청나게 빨리 생물의 몸속에서 퍼져 가는 거지.

유산균 56. 57, 65쪽

유산균은 글루코오스와 같은 당류를 분해해서 젖산을 만드는 세균을 뜻해. 그래서 젖산균이라고도 하지. 유산균은 질병을 일으키는 병원균과 우리한테 나쁜 영향을 주는 유해 세균이 자라는 걸 막아 줘. 그래서 유산균이 들어 있는 음식을 먹으면 건강에 도움이 돼.

전자 현미경 17, 23, 33, 104, 105쪽

사람은 0.1밀리미터보다 작은 크기는 볼 수 없어. 그래서 물체나 미생물을 확대해서 볼 수 있는 장치를 만들었지. 그게 바로 현미경이야. 더구나 보통 현미경보다 성능이 뛰어난 전자 현미경을 만들면서 더 작은 세상을 볼 수 있게 되었어. 전자 현미경은 전자 렌즈를 써. 전자 렌즈가 관찰할 물체에 전자를 보내면 현미경은 그 물체와 상호 작용한 전자를 측정해서 그것을 형상으로 만들어 내지.

전자 현미경으로 본 바이러스

보통 현미경으로 본 박테리아

포자 33, 34쪽

곰팡이는 포자를 퍼트려서 번식을 해. 포자는 식물의 씨앗 구실을 하지. 포자는 홀씨라고도 해. 포자는 다른 것과 합체하지 않고 홀로 싹을 틔워서 새로운 개체가 돼. 곰팡이의 포자는 물이나 공기를 타고 멀리 날아가. 그리고 날아간 곳에서 영양분을 흡수하고, 또다시 포자를 퍼트려 번식을 하지. 민들레가 바람에 씨앗을 날려서 번식을 하듯이 말이야.

항생제 101, 102, 103쪽

항생제는 미생물이 대사 작용을 해서 만들어 낸 산물이야. 항생제를 쓰면 다른 미생물의 성장을 억제하거나 죽일 수 있어. 그래서 미생물 때문에 질병에 걸렸을 때는 질병을 일으킨 미생물을 없앨 수 있는 항생제를 몸에 투여하지.
항생제는 정해 놓은 시간이나 날짜에 맞춰 꾸준히 먹어야 몸속에 있는 균을 죽일 수 있어. 균이 다 안 죽었는데 먹던 항생제를 안 먹으면 균들이 항생제보다 힘이 더 세질 수 있어. 그러면 다음엔 더 센 항생제를 써야 균을 죽일 수 있거든. 병이 다 나은 것 같아도 항생제를 며칠 더 먹는 게 좋아. 겉으로는 다 나은 것 같지만 몸속에는 균이 남아 있을 수 있거든. 항생제는 질병에 따라 여러 종류가 있어.